Cherubino Gambardella

Supernapoli

Architettura per un'altra città - Architecture for another city

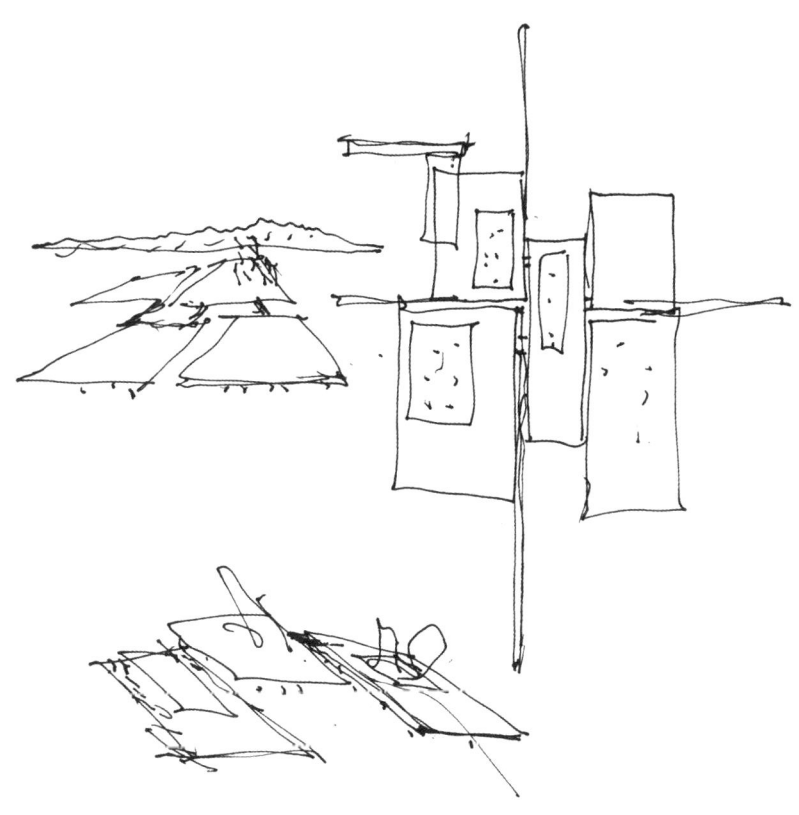

LetteraVentidue

 Questa pubblicazione è stata realizzata
su carta ecologica certificata FSC

Printed on environmentally friendly
FSC certified paper

Volume realizzato con il contributo di Publication of this book was supported by

Centro studi per le Arti e
l'Architettura
del Mezzogiorno d'Europa

ASSOCIAZIONE COSTRUTTORI EDILI NAPOLI

E. MARINELLA
NAPOLI

ISBN 978-88-6242-138-6

Prima edizione Gennaio 2015
First edition January 2015

© 2015 LetteraVentidue Edizioni
© 2015 Cherubino Gambardella

È vietata la riproduzione, anche parziale, effettuata con qualsiasi mezzo, compresa
la fotocopia, anche ad uso interno o didattico. Per la legge italiana la fotocopia è lecita
solo per uso personale purché non danneggi l'autore. Quindi ogni fotocopia che eviti
l'acquisto di un libro è illecita e minaccia la sopravvivenza di un modo di trasmettere
la conoscenza. Chi fotocopia un libro, chi mette a disposizione i mezzi per fotocopiare,
chi comunque favorisce questa pratica commette un furto e opera ai danni della cultura.
No part of this book may be reproduced or transmitted in any form or by any means
(electronic or mechanical, including photocopying, recording or any information
retrieval system) without permission in writing form.

Traduzioni / Translations: Isabel Arbace
Book design: Francesco Trovato

LetteraVentidue Edizioni S.r.l.
Via Luigi Spagna, 50 L
96100 Siracusa, Italy

www.letteraventidue.com

twitter @letteraventidue
facebook LetteraVentidue Edizioni

Fondazione La Triennale di Milano
viale Alemagna 6, 20121 Milano, Italy
www.triennale.org

Indice

Contents

Supernapoli: un manifesto	4	Supernapoli: a manifesto
Album	12	Album
Suoli	34	Grounds
La terra dei fuochi	38	Land of fires
Scampia	46	Scampia district
La città obliqua e le sue vene	54	The oblique city and its veins
I Quartieri Spagnoli	60	The Spanish Quarters
La Sanità	68	The Sanità district
Forcella	76	Forcella district
Il porto	82	The port
Napoli a Oriente	86	Eastern Naples
Il lungomare	90	The seafront
Napoli a Occidente	94	Western Naples
Mostrare Supernapoli	110	Showing Supernapoli

È singolare doverlo dire o doverlo immaginare.

A volte vediamo con la mente le cose che diciamo confondendo i piani della coscienza e quelli del ricordo, quelli dell'autobiografia e l'oggettività solo presunta di uno sguardo sul mondo.

Non ho mai vissuto solo a Napoli, ho girato e abitato in tante città come è capitato a molti della mia generazione.

Però, qualcosa di singolare è accaduto, mentre andavo e venivo, mi fermavo e ripartivo, preso dal mio lavoro, dalle mie passioni e dalla molteplicità di azioni che la realtà mi imponeva.

Supernapoli: un manifesto

Supernapoli: a manifesto

La cosa singolare era, appunto, veder cambiare la mia città con una lentezza che comunque confermava il suo mutamento senza ostacolare una metamorfosi continua e inesorabile.

Non so se la città cambiasse in bene o in male o se fossi solo io ad invecchiare cambiando ma, assieme ad alcune immagini che si cristallizzavano diventando proprio Napoli, o meglio, una Napoli al quadrato, si andava affermando in me stesso l'idea di una metropoli-mondo, permeata dall'utopia, animata da frammenti di mosaico, potenziata da immagini risucchiate e desunte da figure solo desiderate.

Una città densa, piena di testi teatrali, fotogrammi cinematografici, sculture, pitture e architetture.

I must say thinking and imaging about this project was an unique experience.

Sometimes we can see our thoughts and words, we confuse our consciousness and memory. Those thoughts from our autobiography and objectivity are only a presumable glance of the world.

I have never only lived in Napoli, I have travelled in many cities like most people from my generation. But something special happened while I was coming back and forth from Naples travelling from abroad. Absorbed by my work, my passions and numerous activities that reality imposed on me.

The unique thing was seeing how my city was changing very slowly, but indeed transforming. Nothing could prevent a continuous and inexhaustible metamorphosis. The city was changing, I don't know for better or for worst or was I simply getting older. Some images and impressions that seem so clear were becoming the reality of Napoli and therefore I started thinking about a city-world permeated from utopia, brought alive from fragments of mosaics. This city was enhanced by engulfed images, as they derived from figures generated by my desires.

This is a very dense and paroxystic city, full of theater plots, movie slides, sculptures, painting and architecture.

Un posto ebbro di pendenze, di paesaggi di tufo e di verde ma anche invaso da una pianura devastata con una potenza inesorabile che chiede e continuerà a chiedere uno statuto visivo.

Ho dato un nome a questo luogo: Supernapoli. Ma non basta. Ora è necessario un racconto con i suoi capitoli e un *corpus* di immagini che diano sostanza al sogno.

Supernapoli angioina / Angevin *Supernapoli*

Da due anni, con i miei studenti, un gruppo di giovani professori e ricercatori, ho cominciato a fantasticare su Supernapoli: una città imposta sopra un'altra, un sito sovrapposto e difficile di cui ho un grande bisogno per eleggere finalmente una mia vera patria.

Da qualche tempo ho cominciato a disegnarla e

A lush city because of its slopes, landscapes, volcanic stone and vegetation, a city being slowly destroyed, which always needs a visual status.

Supernapoli was the name I chose but it wasn't enough. It was necessary now a narrative with its chapters and imagines that would transform a dream into reality.

Two years ago I began my project with my students, who are a group of young professors and researchers. We started to fantasize about *Supernapoli*, a city that was overlapping the real one. This was very difficult for me but I needed to declare my real homeland and through this project I felt I would be able to.

For some time I have begun to sketch out this project and now I will try to describe it into words. There are only two ways – like I mentioned before – to speak about *Supernapoli*.

The city is the story and the plot, which puts into reality my imagination.

Here Napoli has stopped thinking about its subconscious.

Since the late 1800's a real utopia has never been design for this city.

Of course, many times Napoli has imagined itself differently, more positive and more attentive.

I think, however that this city never needed to be domesticated or consoled but rather to learn how to work on its unreasonable side, building a shameless image for itself.

Otherwise, it will never get in real shape.

The grotesque voice from the movie *Il giudizio universale* by Vittorio De Sica is something that can be heard in every part of the city.

Supernapoli must be free and bold because it is true that misery is illegal, as Don Andrea Gallo said: «misery is not only the crisis and the lack of food, misery is the decay of ideas and prostration». Thinking and rethinking, I imagined Naples turning inside out, an inspired process described by Jorge Luis Borges when he said: «I wanted to narrate the process of defeat…then I

ora provo a raccontarvela.
Sono gli unici due modi – come dicevo prima – che conosco per parlare di Supernapoli.
È lei la città del racconto, la trama sensibile di ogni immaginazione.

Aversa, Via dello Sputnik / *Aversa*, Sputnik street

Napoli ha smesso di pensare al suo inconscio.
Dalla fine dell'Ottocento non ha mai disegnato una vera utopia per il suo corpo.
Certo, tante volte si è immaginata diversa pensandosi migliore e prudente.
Credo, però, che mai abbia avuto bisogno di essere addomesticata e consolata, piuttosto dovrebbe sempre di più imparare a lavorare con l'assurdo costruendo un'immagine sfacciata.
Diversamente non saprà mai dar vita a un corpo presente.

thought that it would be more poetical the case of a man that has to prepare to an end that's not forbidden to the others but only to himself...»[1]. The forbidden goal for me is reality and I hope that only scraps of this huge dream can be caught in this big web of authenticity like it happened to others in the past, while dreaming systems giving a random form to parts of their theorems. At last my old utopic theory reassembles a real democracy[2] right, like Luciano Canfora says, and it is based on millions of attempts, failures, in the right of an exercise of perfect imperfection, that I believe to me architectures motor[3]. Here, then, coming forward is another city, complex and multiform, in the absolute light of an eternal summer. I looked at the city imperturbably waiting for a swim with Carla Bourseir and Posillipo's black sun on Riva Fiorita's cliffs, loosing myself, wounded to death, in its perfume[4].
I think of Naples like a body, which has to be improved and fixed through grafts and overwriting. I think that the metropolis needs to re-invite itself, starting from its critical areas and therefore, I imagine a dense substance full of reviving actions for its neighborhoods that are still waiting for change. Places with great potential where I imagine new plans that weld the old body to the modern additions, to the suburbs and to the zones with great landscapes. Like Anthony Vidler writes «the meaning of variations, actions or even thought processes... is to give form to a definition or a statement»[5]. I imagine the construction of potential diagrams and of provocative and independent redemption processes, able, by themselves, to give magnetic punctual and revolutionary bodies, energetic knots that give back to the city their eco, making the redemption possible to occur. A new *Campo Marzio* that, in the words of Peter Eisenmann, identifies in the map, or better, in the axonometric vision of the metropolis a «starting point, without recognizing its original value; it is simply an existence in the present...

Una cosa che entri nelle pieghe e che stia sopra la città come la voce grottesca de *Il giudizio universale* di Vittorio De Sica.

Supernapoli deve essere libera e sfrontata perché è vero che la miseria è illegale come disse don Andrea Gallo ma la miseria non è solo la crisi e la mancanza di cibo, la miseria è miseria di idee e prostrazione. E, allora, per pezzi successivi, per giustapposizioni e revisioni, scritture e riscritture, ho voluto immaginare Napoli rivoltandola come un guanto, una procedura ispirata a quella descritta da Jorge Luis Borges quando diceva: «ho voluto narrare il processo di una sconfitta... poi riflettei che è più poetico il caso di un uomo il quale si prepara a un fine che non è vietato agli altri ma a lui soltanto...»[1]. Lo scopo a me vietato è quello della realtà e solo i frammenti di questo grande sogno ad occhi aperti spero possano impigliarsi nei fili e nelle ragnatele della concretezza così come è successo in passato ad altri che, nel sognare grandi sistemi, hanno, proprio per caso, dato corpo a parte della loro immaginazione. In fondo la mia vecchia teoria dell'utopia come un vero e proprio diritto democratico[2] è – come dice Luciano Canfora – riposta nei mille tentativi, nei fallimenti, nel diritto ad un esercizio di perfezione imperfetta che credo sia il motore dell'architettura[3]. Ecco, allora, farsi avanti un'altra metropoli, complessa e multiforme, nella luce assoluta di una estate sempre presente. Io la guardo imperturbabile aspettando la nuotata con Carla Boursier e il sole nero a Posillipo sugli scogli di Riva Fiorita perdendomi, *ferito a morte*, nel suo profumo...[4]

Penso a Napoli come un corpo da migliorare e correggere attraverso innesti, credo che abbia bisogno di ripensarsi a partire dalle sue aree critiche e pertanto immagino una sostanza densa e piena di azioni migliorative per i suoi quartieri da sempre in attesa, luoghi dalle grandi potenzialità dove immaginare nuovi disegni che si saldano con il corpo antico e con le addizioni moderne, con la periferia e le zone di pregio paesaggistico.

streets as such are missing» the drawing «it is full of objects that could be defined as interstitial figures»[6]. Here there it is a very strong potential portrait of *Supernapoli*, a portrait where the new edile material joins streets and roads used as potential passages with the purpose of recomposing other constructions.

An intervention like a lifting and a plastic surgery searching for a new beauty, anything but elitist, diffused and collective, a democratic beauty that is based on a new imperfect architecture and at the same time strong and expressive.

This is how it begins:

From the North of Napoli the soil of the *Terra dei Fuochi* becomes an occasion to imagine great plates in which the soil, properly deforested, stays wild and reemerges like a vegetation scenography in some places. These plates are the foundations for a new controlled agriculture that

Caserta, la "terra dei fuochi" / *Caserta*, the "land of fires"

Come ha scritto Antony Vidler vorrei «significare variazioni, azioni o persino processi mentali… nel dare forma a una definizione o a una affermazione»[5]. Immagino la costruzione di diagrammi potenziali e di processi di riscatto provocatori ed autonomi, capaci, da soli, di dare corpo a magnetiche rivoluzioni puntuali, nodi energetici che restituiscano la loro eco alla città rendendone possibile il riscatto.

Un nuovo Campo Marzio che, usando le parole di Peter Eisenmann, individua nella pianta o, meglio, nella visione assonometrica, un «punto di partenza, senza riconoscerle però nessun valore originale; è semplicemente un essere nel presente… mancano delle strade vere e proprie» il disegno «è pieno di quelle che potremmo definire delle figure interstiziali»[6]. È, quindi, un fortissimo ritratto potenziale quello di Supernapoli, un ritratto dove la nuova sostanza edilizia si innesta su vie e percorsi usandole come potenzialità ed intercapedini al fine di ricomporre altre sembianze.

Un intervento come un esercizio di *lifting* e di chirurgia plastica alla ricerca di una nuova bellezza, tutt'altro che *elitaria* ma diffusa e collettiva, una bellezza democratica che è la base di una nuova architettura imperfetta e al tempo stesso potente ed espressiva.

Così partiamo.

Da Nord, i suoli della *terra dei fuochi* diventano l'occasione per immaginare grandi piastre dove il terreno, opportunamente disboscato, resta selvaggio e riaffiora, in alcuni punti, solo come scenografia vegetale. Queste piastre sono fondazioni per una nuova agricoltura controllata che non ha rapporto con la terra inquinata, accolgono ventole e pannelli specchianti, sono in cemento leggero e colorato, usano tenui pendenze per la raccolta dell'acqua piovana. Sono un rito senza tempo, un atto presente per la rifondazione del suolo. Da qui, arrivo in una immensa distesa di scheletri abbandonati tra Napoli e Caserta. Lo scheletro è una pergola d'ombre, un sostegno per

does not have a relationship with the polluted soil; these plates welcome fans and mirror panels, in colorful and light cement, using soft slopes to collect rainwater. They are a timeless tradition, and present act for a future founding of the soil. From here, I arrive in an immense area of abandoned skeletons between Naples and Caserta. The skeleton is an arbor of shadows, a scaffold for new buildings and for dreaming a less dense city and, the same time, full of houses, offices and shops at the center of the Campania's countryside. Moving forward to the Neapolitan amphitheater, *Scampia* with its *Vele* is transformed into a monument, agrarian fort dedicated to green vegetation, to the commerce, to the housing and to a series of social functions that use a peremptory form of the famous block as if they were concretions of the soil. After the *Vomero* hill, there is the space near the sea with its pedestrian slanted passages. Transforming these cattle roads with moving stairs and

Supernapoli, case a cascata
Cascading houses in *Supernapoli*

nuovi edifici e per il sogno di una città rada e, al tempo stesso, piena di case, uffici e negozi al centro della piana campana. Proseguendo verso l'*anfiteatro* napoletano, Scampia con le sue Vele si trasforma in un monumento, un fortilizio agrario dedicato al verde, al commercio, alla casa e ad una serie di funzioni sociali che usino la forma perentoria dei famosi blocchi come se fossero concrezioni del terreno. Superata la collina del Vomero, ecco la conca sul mare con i suoi tratagti pedonali obliqui. Trasformati questi tratturi con scale mobili e incisioni, rampe e vie pensili, la città riscopre una dimensione architettonica che dosa il panorama in un caleidoscopio di scorci. Il ventre antico della metropoli si modifica, poi, con mille tagli, sezioni aggiunte, sopralzi e demolizioni trasformandosi in un sito verosimile e accessibile. È così per la Sanità, Forcella, i Quartieri Spagnoli. Il lungomare è solo la rimodulazione di una scogliera in uno spazio abitabile per il tempo libero, lo sport e la balneazione mentre il porto cambia punteggiandosi con sagome elementari che non chiudono mai la città verso il mare ricreando altre profondità prospettiche quasi inesplorate. Napoli a Oriente è, invece un luogo di *insule* abitate e dominate, al loro interno, da una rinaturalizzazione delle terre inquinate affidata a un processo di rigenerazione spontanea. Ad Occidente, invece, la dimensione monumentale dello Stadio San Paolo, del quartiere di Fuorigrotta, della Mostra d'Oltemare e di Bagnoli diviene un tessuto di architetture tese a enfatizzare la città moderna rimodulandone la domanda di natura entro porzioni controllate.

All'acciaieria dismessa di Bagnoli viene aggiunto un tappeto orizzontale di case e di bagli colonici in vista di un auspicabile processo di autorecupero della terra. Sono immagini disgiunte l'una dall'altra ma il loro lavoro di immissione negli organi della città è come un lavaggio ematico, una alchimia rigeneratrice. Questa non potrebbe esserci senza l'idea di quel posto che mi hanno

engravings ramps and hanging roads, the city rediscovers an architectonic dimension where the view is framed into a kaleidoscope of glimpses. The ancient womb of the metropolis gets modified through a thousand cuts, additional sections, elevations and demolition and is transformed in a likely, accessible site.

This is how it is in *Sanità*, *Forcella* and *Quartieri Spagnoli*. The board walk is only a re-modulation of the cliff in a habitable space for sports, free time and for bathing while the port changes punctuating with elementary silhouettes that never close the city from the direction of sea in order to recreate other and almost unexplored prospective depths. Eastern Napoli is instead an area of habited blocks (insulas) dominated from the inside by a naturalization of the polluted soil entrusted to the spontaneous process of regeneration. In the western part of the city the monumental dimensions of the San Paolo stadium, the neighborhood of *Fuorigrotta*, the *Mostra d'Oltremare* and *Bagnoli* become a texture of architectures aiming to emphasize the modern city re-modulating its nature within controlled parcels. To the old steel mill is added a horizontal row of houses and of farmhouse-style beams in view of a desirable process to recuperate soil. These are images disjointed one from the other, but their insert into the city's body is like purifying its blood, a regenerating alchemy. This could not exist without the idea about this place that narrator, musicians, artists and politicians transmitted to me.

The memory of everything that I heard and saw comes to my mind and so I tried to give birth to my story that slowly crystallized not destroying the emotional wealth. So, only one image stayed, strong and artifact, because, like I said before, today the relationship with beauty's effigy has changed a lot. So our imagination is no longer dominated by a common feeling, making it even stronger because we don't need a common and shared thought. We need to transmit our emotions so that they may

trasmesso narratori, musicisti, artisti, politici.
Mi incontro con il mio sguardo e con la memoria di tutto quello che ho sentito e così provo a dar vita a un racconto che lentamente si cristallizza perdendo scorie ma non ricchezza emotiva.
Allora resta una sola immagine potente e artefatta perché, come accennavo prima, oggi è cambiato molto il rapporto con l'effigie della bellezza e quindi il nostro immaginario non è più dominato da un sentire comune. Questo lo rende ancora più forte perché non abbiamo bisogno di un pensiero dominante e condiviso. Abbiamo bisogno di trasmettere il nostro sentire in modo che possa tessere nodi con altre sensibilità.
I nodi, allora, mi affascinano e mi inseguono.
Infine, questo immenso cretto policromo è una forma ipnotica che si somma alle altre percezioni di città e di paesaggi in modo da costruire una attitudine.
Mi piace immaginare architetture permeate da un localismo visionario e cioè da un rapporto con i luoghi che non li ricalchi meticolosamente ma che li prenda a pretesto per lasciare una loro ombra, una loro traccia dentro rinnovate architetture.
Amo il criterio della somiglianza e detesto la copia perché l'imitazione imprecisa è quello che la nostra mente più celermente persegue quando deve produrre qualcosa.
Imitazione di cose già viste, contatto con distanze già misurate.
Costruzione in una realtà così corposa da confondere i modi di abitare al punto da lasciarci attoniti e senza certezze.
Per tutto questo, Supernapoli è, allora, una inattesa e ambiziosa opera di sabotaggio dei luoghi comuni.

weave knots with other peoples sensibility.
The knots at the same time interest me but urge me.
In the end, this immense polychromic crack is a hypnotic form that is added to the other perceptions of the city and of landscapes in order to create an attitude.
I like imagining architectures permeated with an utopic vision of the local area, that is with a relationship to the places that will not meticulously trace them but that will give them an excuse to leave a shadow, their own trace inside renovated architectures.
I like the criterion of the similarity and hate copying because imprecise imitations are what our mind quickly pursues when it has to produce something.
Imitations of already seen things, contact with already measured things.
Construction in a reality so substantial that it confuses the ways of life to the point of leaving us astonished and without certainties.
Because of this, *Supernapoli* is an unexpected and ambitious sabotage of common places.

In questa pagina: Supernapoli aragonese.
Nella pagina accanto: la città impressa nell'inconscio
On this page: Aragon *Supernapoli*.
Left page: the city imprinted in the unconscious

Nei tempi antichi l'*Albus* era il bianco dell'albume, un bianco quasi astratto ma venato di piccole tracce lattiginose.

In Germania, nel Cinquecento, l'*Albus amicorum* era un libro bianco, un accumulatore di tracce e di testimonianze. Qui si depositavano le firme degli amici, degli insegnanti, dei precettori che, spostandosi da una sede universitaria all'altra, testimoniavano, con questa meravigliosa sequenza di sigle, una appartenenza culturale ed un percorso.

Poi l'album è divenuto un semplice raccoglitore di immagini ma io preferisco, anche in un libro illustrato di architettura, pensarlo come una sequenza di indizi e di tracce a metà strada tra la realtà e l'immaginazione.

Una raccolta, quindi, di disegni verosimili, di mappe più o meno immaginarie, di appunti che costituiscono una sigla più che un ritratto univoco. Sono la testimonianza di una adesione a una temperie culturale, sono il racconto di un luogo sognato e amato, sono la sua raffigurazione attraverso la falsificazione del collage, del montaggio, del disegno.

Diverso da un manifesto, le cui parole e le cui illustrazioni devono contenere una potenza astratta e direi proprio diagrammatica, le pagine di un

Album

Album

In ancient times the *Albus* was the egg white, an almost abstract white, veined by small lactiferous traces.

In Germany, in the Sixteenth Century, the *Albus amicorum* was a white paper, an accumulator of traces and testimonies. Here were stored the signatures of the friends, of teachers, of tutors, that, moving from one university to another, testified, with this wonderful sequence of signs, a cultural membership and a path.

Then, the album has become a simple pickup of pictures, but I prefer, even in an illustrated book of architecture, to think about it as a sequence of clues and traces halfway between reality and imagination.

A collection, then, made by likely drawings, by more or less imaginary maps, by clipboards that constitute a symbol more than a unique portrait. They are the witness of an adhesion to a cultural climate, they perform the tale of a dreamed and loved place, are its representation through the falsification of the collage, of fitting, of drawing.

Different from a manifesto, whose words and illustrations must contain an abstract power – and, we can say, a diagrammatic form –, the pages of an album can allow me to tell the way I have seen Naples before entrusting the drafting of imaginary things to the design freedom of the tutors and the students in my Laboratory of architecture.

album possono consentirmi di raccontare come ho visto Napoli prima di affidare la stesura delle cose immaginarie alla libertà progettuale dei tutor e degli studenti del mio Laboratorio di architettura.

Il manifesto è invece un atto solitario dove il racconto delle idee si condensa in un programma tanto più incisivo quanto più astratto. Le sue illustrazioni devono contenere una forte quota di utopia e di assenza di concretezza affinché questo aspetto tenga insieme e generalizzi le parti dove il discorso tocca terra, lambisce le occasioni senza mai lasciarsi imprigionare dal dogma della realtà e della verosimiglianza.

Per questo le immagini che illustrano il capitolo precedente, il manifesto di Supernapoli, sono come icone di una teoria dove il volto della città quasi scompare nella forza di un racconto fatto di addizioni e demolizioni, di simboli e forme quasi staccati da Napoli ed impegnati con forza a liberare i temi di un progetto culturale.

Le figure dell'album, invece, sono ritratti dove le fattezze della città riappaiono lasciando intuire le alterazioni dei suoi spazi e puntando sull'immagine di una doppia quadreria in bianco e nero e a colori.

Si costruisce, così, un antecedente vago e al tempo stesso necessario alla lunga serie di disegni e fotomontaggi che provano ad approfondire, quartiere per quartiere, il volto di una Napoli in cui il futuro si inclina sul presente nell'urgenza di una nuova architettura ridondante e sonora.

Un costruire figurativo e fisiognomico, elementare e complesso così come è sempre stato il segreto della sua metropoli.

The manifesto is instead a solitaire act where the story of the ideas condensed in a program more effective and more abstract. Its illustrations must contain a strong share of utopia and absence of concreteness, because this aspect could keep together and simplify the pieces where the discourse is on the ground, where touches the occasions without ever allow himself to be locked by the dogma of the reality and the verisimilitude.

For this reason the images that illustrate the previous chapter, the manifesto of Supernapoli, act as icons of a theory where the face of the city nearly disappears in the strength of a story made by additions and demolitions, symbols and shapes almost detached from Naples and engaged with strength to free the themes of a cultural project.

The figures of the album, on the other hand, are portraits where the features of the city reappear, leaving hints of the alterations of its spaces and focusing on the image of a double gallery, in black and white and in colours.

So, we are making an antecedent, vague and at the same time necessary, to the long series of drawings and photomontages that try to deepen, neighborhood by neighborhood, the face of a Naples in which the future tilts on present in the urgency of a new redundant and ringing architecture.

A building that is figurative and physiognomic, elementary and complex as well as always been the secret of its metropolis.

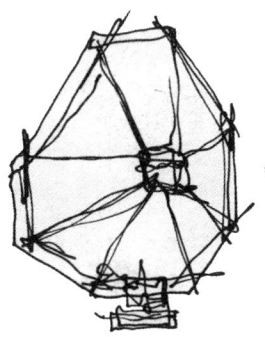

la terra dei fuochi/ the land of fires

scampia/ scampia

la terra dei fuochi/ the land of fires

la terra dei fuochi/ the land of fires

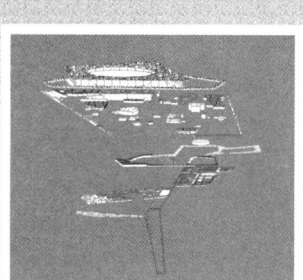
napoli a occidente/ west naples

napoli a occidente/ west naples

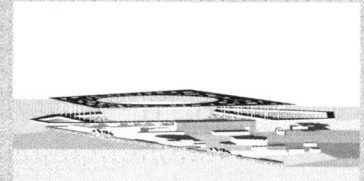
napoli a occidente/ west naples

napoli a occidente/ west naples

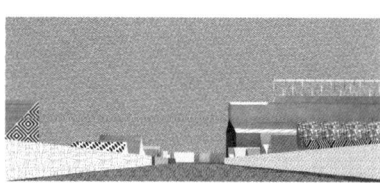
napoli a occidente/ west naples

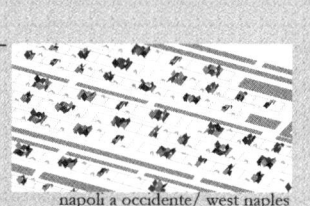
napoli a occidente/ west naples

napoli a occidente/ west naples

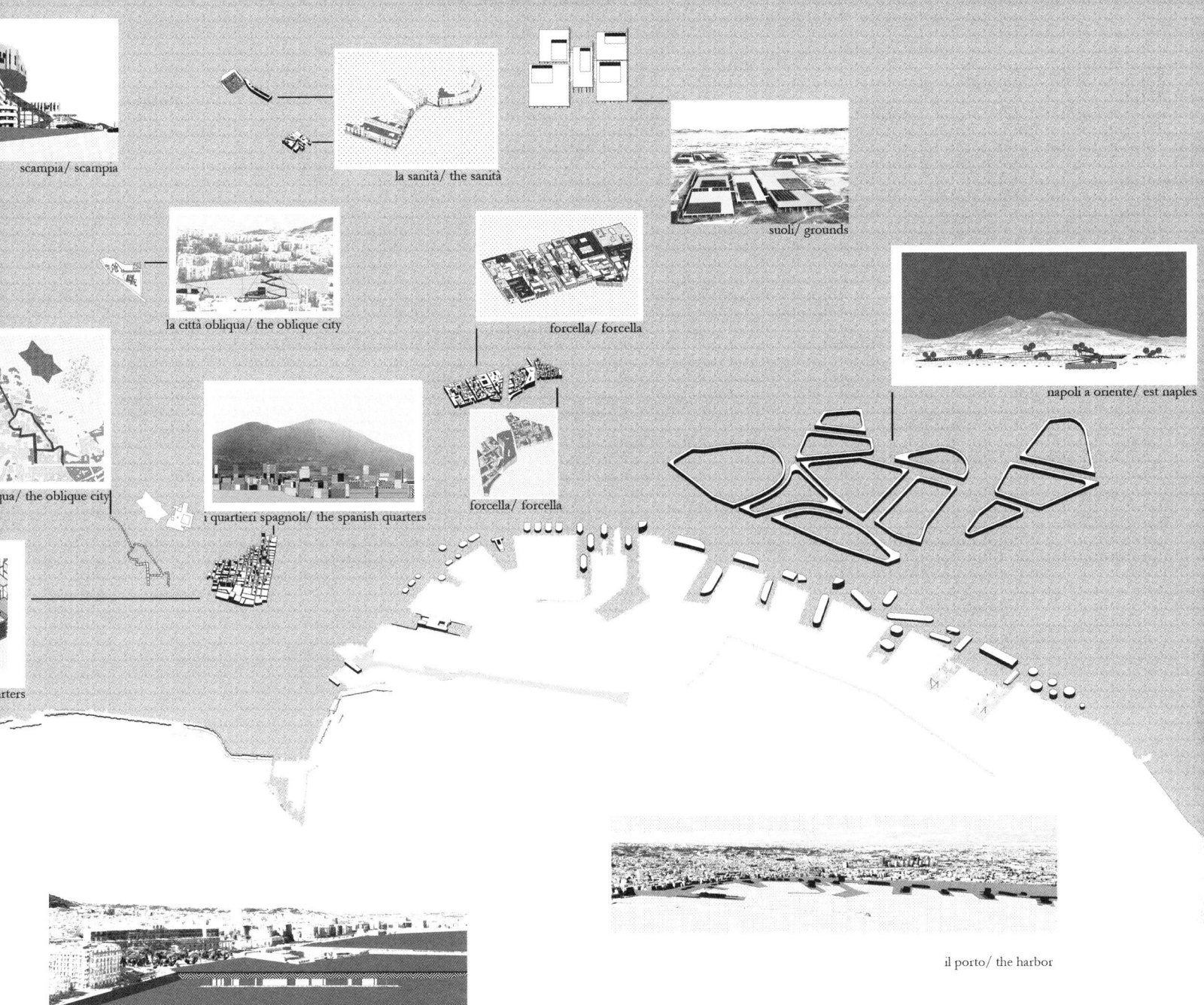

In queste pagine: Supernapoli, topografia assonometrica immaginaria.
In these pages: *Supernapoli*, imaginary isometric topography.

In queste pagine: Mostrare Supernapoli le quadrerie.

These pages: Showing *Supernapoli*, the "quadrerie".

lle pagine precedenti: Supernapoli, appunti di studio e quadro sinottico degli interventi, tre vedute sovrapposte dell'area portuale e discesa dalla collina l Vomero al mare. In queste due pagine, due scorci della salita del Petraio.

the previous pages: *Supernapoli*, overview of interventions and study notes, three views of the harbor and overlapping descent from Vomero hill to the a. On these two pages, two views of the ascent of Petraio.

In questa pagina: a sinistra, in alto, Bagnoli dal mare, a destra, in alto, Supernapoli e la "terra dei fuochi". In basso: dettaglio del lungomare verso il Castel dell'Ovo.
In this page: in the upper left, Bagnoli from the sea, right, up Supernapoli and the "land of fires". Below: detail of the promenade towards the Castel dell'Ovo.

queste pagina: sopra, *Supernapoli*, il paesaggio verso l'*Ager Campanus* e la Reggia di Caserta; sotto, *Supernapoli*, il lungomare da Mergellina a Posillipo.
these pages: up, *Supernapoli*, the landscape towards the *Ager Campanus* and the Royal Palace of Caserta; below, *Supernapoli*, the waterfront from Mergellina to Posillipo.

A sinistra: Supernapoli da Scampia a Casal di Principe, in alto i Quartieri Spagnoli.
On the left: *Supernapoli* from Scampia to Casal di Principe, top the Spanish Quarters.

In queste pagine: a sinistra, Bagnoli e l'acciaieria dal mare, a destra, Supernapoli verso il porto.
In these two pages: on the left, *Bagnoli* and the steel mill from the sea, on the right, *Supernapoli* toward the harbour

anco: *Supernapoli*, Forcella portata in trionfo da Partenope, sotto, paesaggio di Supernapoli.
vious page: *Supernapoli*, *Forcella* carried in triumph by *Partenope*, below, *Supernapoli*'s landscape.

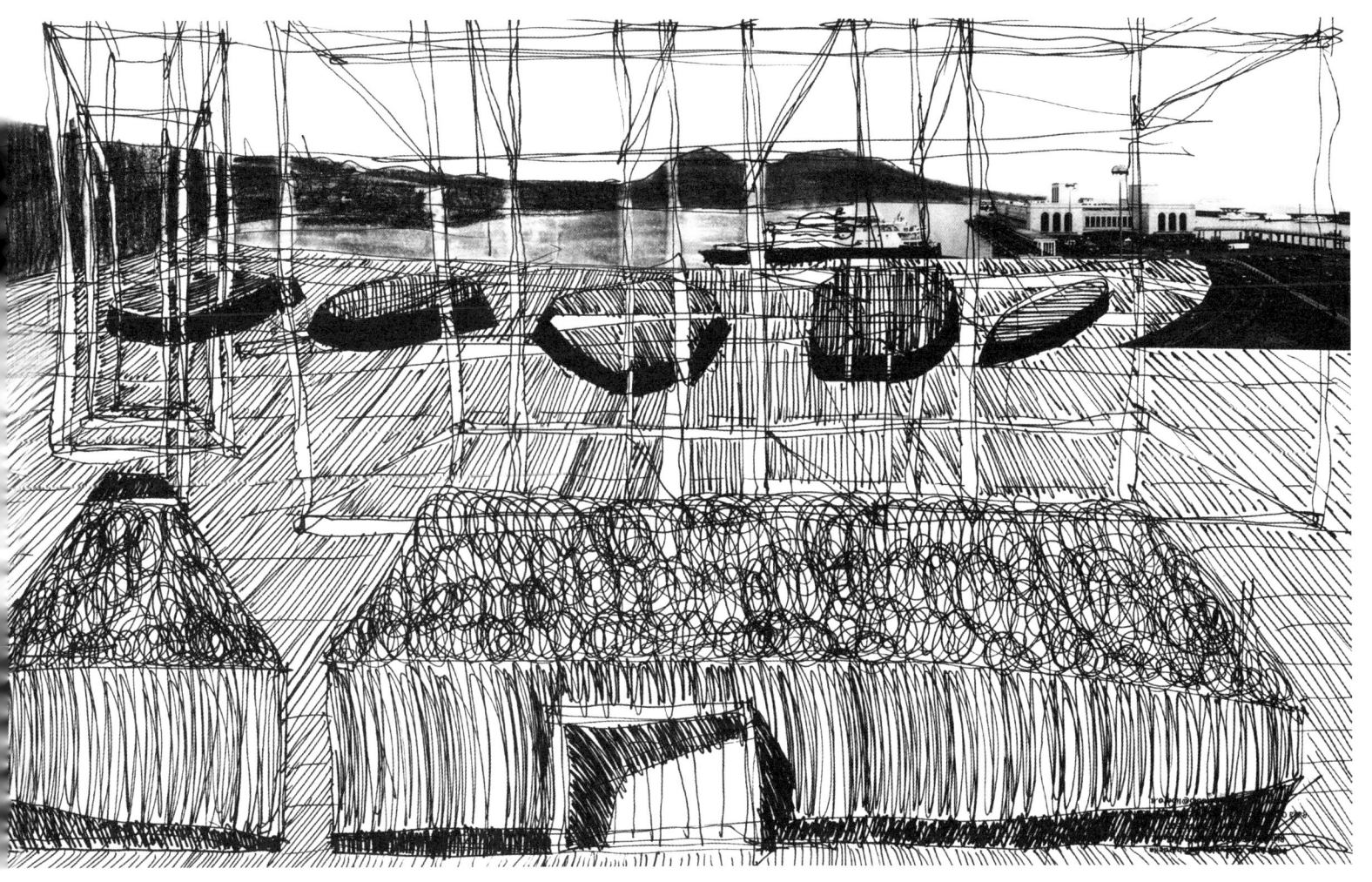

Migliaia di roghi, spazzatura accumulata ai bordi dei campi, rifiuti tossici interrati per anni, nottetempo, in una distesa di campi tra Napoli e Caserta. Una terra che mescola la sua narrazione alla realtà delle statistiche, all'aumento delle morti per cancro, all'immagine di Toni Servillo che impersona il cinico emissario delle industrie rifiutando il dono di un cesto di pesche dell'*Ager Campanus*, consapevole della loro tossicità. Roberto Saviano in Gomorra racconta la storia, Matteo Garrone, nel suo film, la illustra con potenza plastica, Pasolini, prima di tutti, nel dopoguerra aveva descritto questi luoghi come segnati da una gigantesca tristezza. Oggi la città continua, sorta alle spalle di Napoli, conserva, nonostante tutto, preziose tracce agrarie dove la terra e la sua forma, punteggiata da bagli di tufo nero si pongono come una potente opportunità di progetto.

Il paesaggio delle viti maritate è il segno di coltivazioni dove ritorna forte con la sua vocazione costruttiva, un ambiente solidamente intramato di alberi di gelso o di pioppo sui quali il vitigno si avvinghia crescendo più lentamente all'ombra della chioma arborea. Costruisce, in definitiva, una trama filamentosa tra gli alberi in un muro meticcio e vegetale, dominante e plastico.

Suoli

Grounds

Million of fires, garbage accumulated on the side of the streets, toxic waste stored underground for years. Overnight, Naples and Caserta is covered with garbage. A land that mixes its narration to the reality of the statistics and the increase of the deaths caused by cancer. This is symbolized by Toni Servillo starring the cynic industry emissary, refusing a basket of peaches from the *Ager Campanus*, (Campania's plane) aware of its toxicity. Roberto Saviano in Gomorra tells the story, Matteo Garrone, in the movie, illustrates it with plastic power, Pasolini, was the first one before everyone else, after the war, who described these places as marked by a great sadness. Today the conurbation of Naples continues to preserve itself, despite everything, precious agrarian traces where the soil and its form, dotted by beams of black tuff represent a strong project opportunity.

The landscape of the typical vines (*viti maritate*) is the sign of crops where an environment surrounded by mulberry or aspen trees comes back strong on top of which the vines grow slower covered by the shade of the tree's foliage. This has also a strong programmatic value, as it constructs a filamentous plot between the trees, an artifact vegetal wall that has a dominant and plastic

È un'architettura lunghissima e inconsapevole che affonda nelle descrizioni di Plinio, Livio, Polibio e Strabone e rimette in gioco la potenza di un nuovo *Ager Campanus* e del disegno della sua *Centuriatio*.

Luoghi inquinati e siti ancora possibili, dove il suolo non è una cosa da cui difendersi, si alternano in questa maestosa distesa confinata dai monti Tifatini, dai massicci Aurunci e dai possenti rilievi del Matese.

La terra ancora intatta va tutelata come una straordinaria risorsa agraria. Diversamente, i suoli inquinati, li immagino popolati da una forma semplice, potente e primaria: la piattaforma.

Questa è confine e delimitazione dello spazio composto da grandi lastre inclinate sovrapposte al terreno inquinato in attesa di una sua rigenerazione.

Sopra, una sequenza di forme orizzontali, inclinate come fontane meteoriche per la raccolta d'acqua piovana, trasformano in un possente rito di preparazione, un paesaggio devastato e compromesso. Grandi vasche vegetali potranno ospitare nuovi raccolti sicuri e, assieme a un fotovoltaico prezioso e specchiante, costruiranno una foresta artificiale pronta dialogare con i filari lontani e le tracce antiche verso l'orizzonte.

Come afferma Jorn Utzon potremmo collocare queste piattaforme e conformarle «con una grande sensibilità nei confronti del contesto naturale e con una profonda idea di fondo. Da esse si sprigiona una grande forza. Camminando su di esse, sotto i piedi si prova la stessa sensazione di fermezza di quando si sta su una roccia»[7].

Sono basi silenziose, l'inizio di un recupero ecologico che non esclude l'architettura, un'architettura di terra e forse, proprio per questo, la più densa di immaginazione.

shape. This architecture has a long story, which traces back to the descriptions Plinio, Livio, Polibio and Strabone without being aware of it. This allows the *Ager Campanus* and the design of its *Centuriatio* to be back in their power.

Polluted places and sites where the ground may still be seen as something to not defend oneself from alternate in this majestic expanse bordered by the *Tifatini* mountains, the massive *Aurunci* and *Matese* mountains.

The intact ground needs to be protected like an extraordinary agrarian resource. Differently, I imagine the polluted soils populated by a simple form, strong and primary, a platform. This is the border and delimitation of the spaces composed of great-sloped plates on top of the polluted ground waiting for it to regenerate. On top, a sequence of horizontal forms, sloped like the meteoric fountains for the collection of rainwater, transforming a devastated and compromised landscape into a mighty preparation ritual. Great tanks for plants that will host new secure harvests, together with precious and mirror solar panels, will construct an artificial forest ready to dialogue with the far away vine lines and the ancient traces towards the horizon.

As Jorn Utzon says, we could install these platforms and adapt them «according to a great sensitivity towards the natural context, providing them with a significant core idea. Walking on them, one feels underneath their feet the same feeling of steadiness as one walks on a rocky surface»[7].

These are silent foundations, the beginning of a ecologic recuperation that does not exclude the architecture, looking at the inland. Because of this such an architecture has the most powerful imagination.

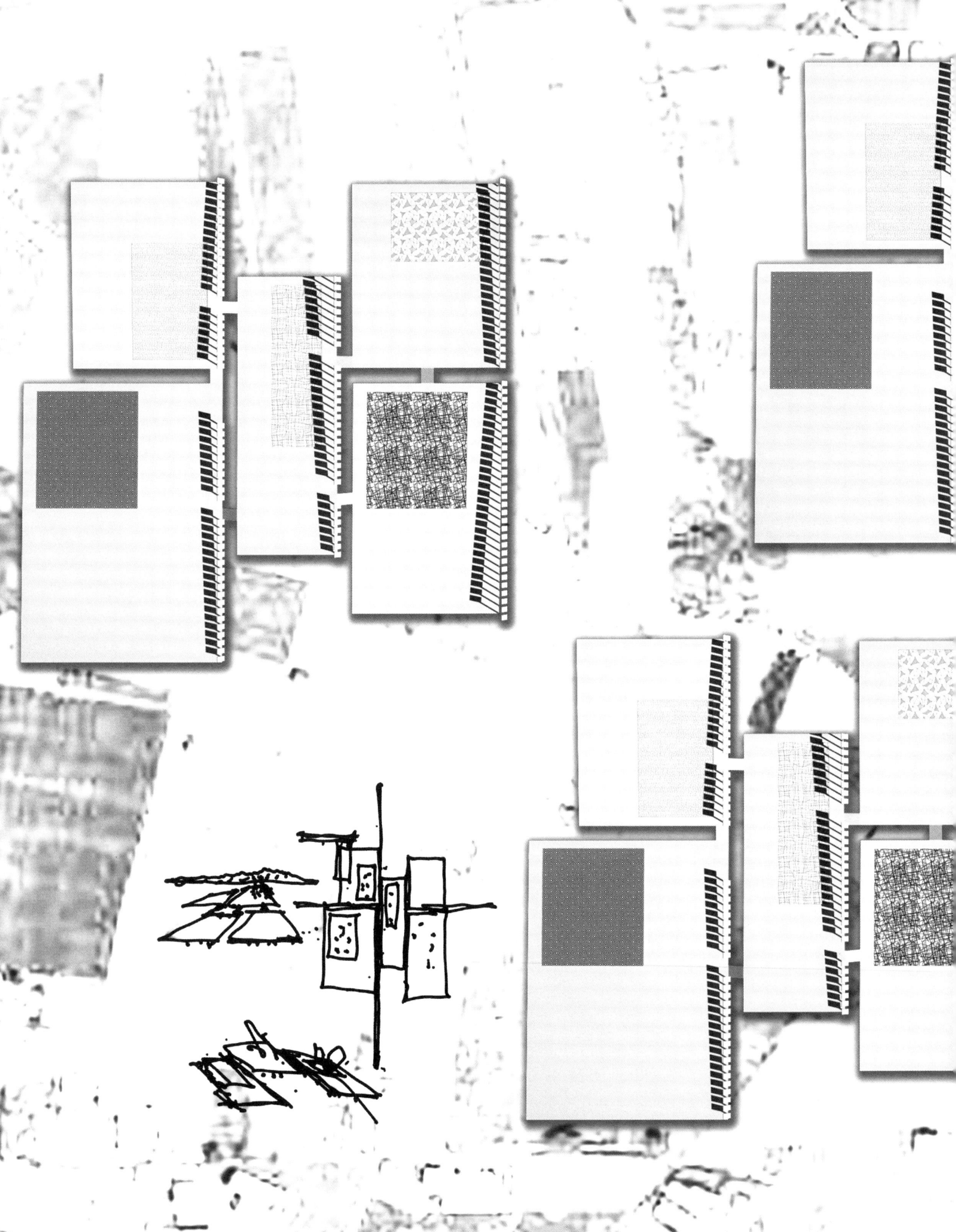

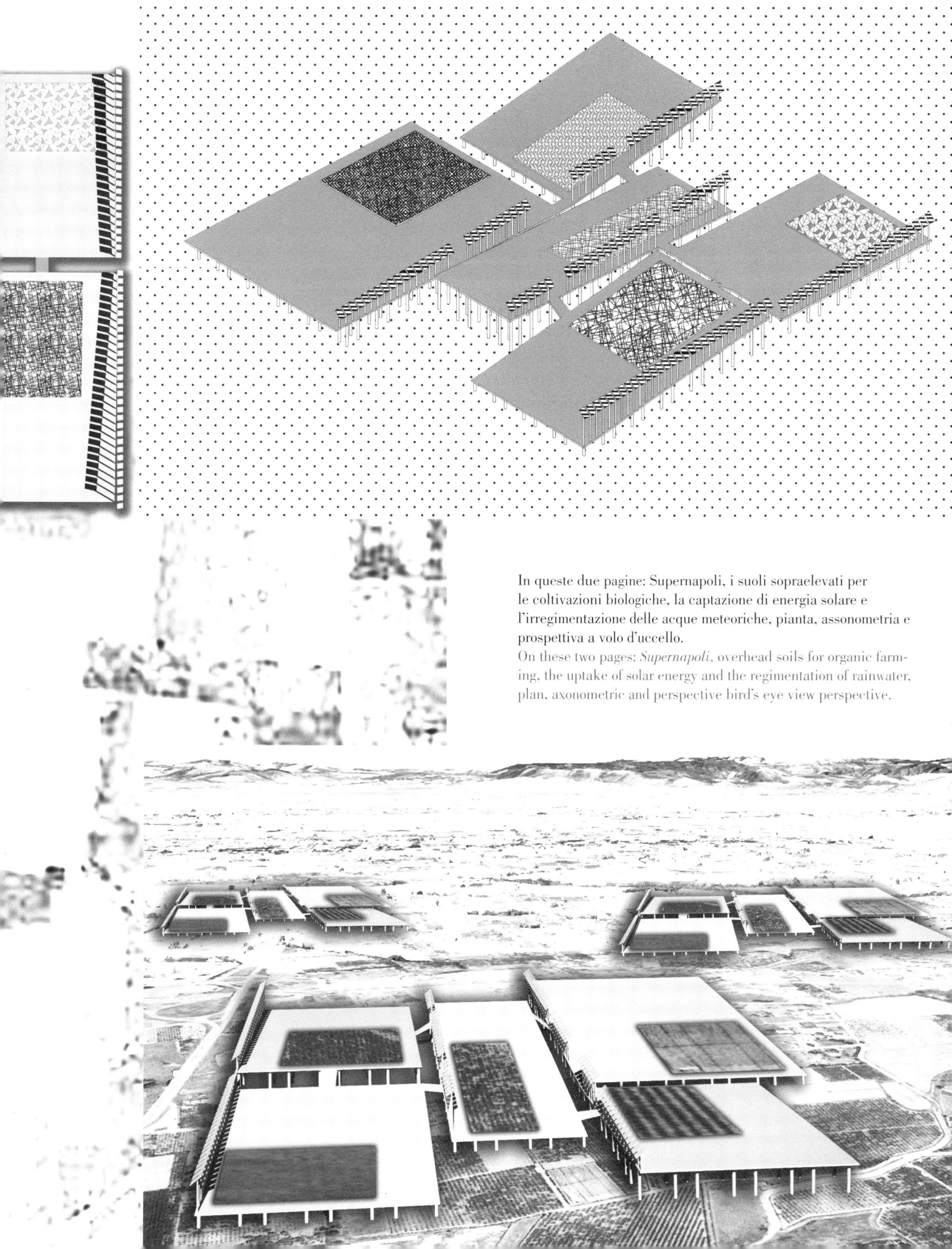

In queste due pagine: Supernapoli, i suoli sopraelevati per le coltivazioni biologiche, la captazione di energia solare e l'irregimentazione delle acque meteoriche, pianta, assonometria e prospettiva a volo d'uccello.
On these two pages: *Supernapoli*, overhead soils for organic farming, the uptake of solar energy and the regimentation of rainwater, plan, axonometric and perspective bird's eye view perspective.

C'è un punto dell'agro campano, tra Aversa e Teverola dove la campagna è brulla come un deserto. Un grande lotto è occupato da una città di capannoni abbandonati, il sogno di un polo industriale e terziario che la crisi ha falcidiato. C'è una immensa distesa di scheletri possenti. Le dimensioni dei pilastri sono notevoli, la loro altezza a volte supera anche i dieci metri, passando con l'auto sembra da lontano un sito archeologico popolato da templi di un ordine inusitato e scabro. Un ordine grigio e vagamente spettrale.
Lunghe ombre prolungano i fantomatici interco-

La terra dei fuochi

Land of fires

lumni e la forza espressiva di questo spazio nel brullo paesaggio agreste è veramente notevole.
Penso di lasciare questa progressione protodorica intatta e di sovraimporgli un altro ordine.
I templi dell'inconscio diventano basi per una città volante costituita da lame sospese di case e uffici gettate come ponti tra gli scheletri. Una serie di cubi collegano con la terra la città come dei Temenos di difficile datazione dedicati ad ascensori scale e negozi. Si depositano dentro gli scheletri che così uniscono alla loro sostanza archeogica una dimensione urbana come quella di un portico che prelude all'aria e alla luce.

There is a point of *Agro Campano*, between Aversa and Teverola, where the countryside is as dry as a dessert. A big area is occupied by a city of abandoned sheds; the crisis helped fading the dream of an industrial tertiary hub away. There's a multitude of mighty and abandoned ghost building. The dimensions of the pillars are significant, their height sometimes exceed ten meters. Driving through with a car from far away it looks like an archeological site full of temples with a rough an unused order, gray and somehow spectral.
Long shadows extend a mysterious intercolumniations and the expressive strength of these spaces in the barren rural landscape is really remarkable. I think to leave this protodoric progression intact and overlap it with another order.
The temples from the subconscious become the basis of a city founded in the air and formed by suspended blades of houses and offices. A series of cubes - as *Temenoi* - connects the city with the ground and these cubes are dedicated to the lifts, stairs and stores. The cubes deposit inside these deserted buildings that gain an urban dimension together with their archeological substance and act as a portico that preludes the light and the air.

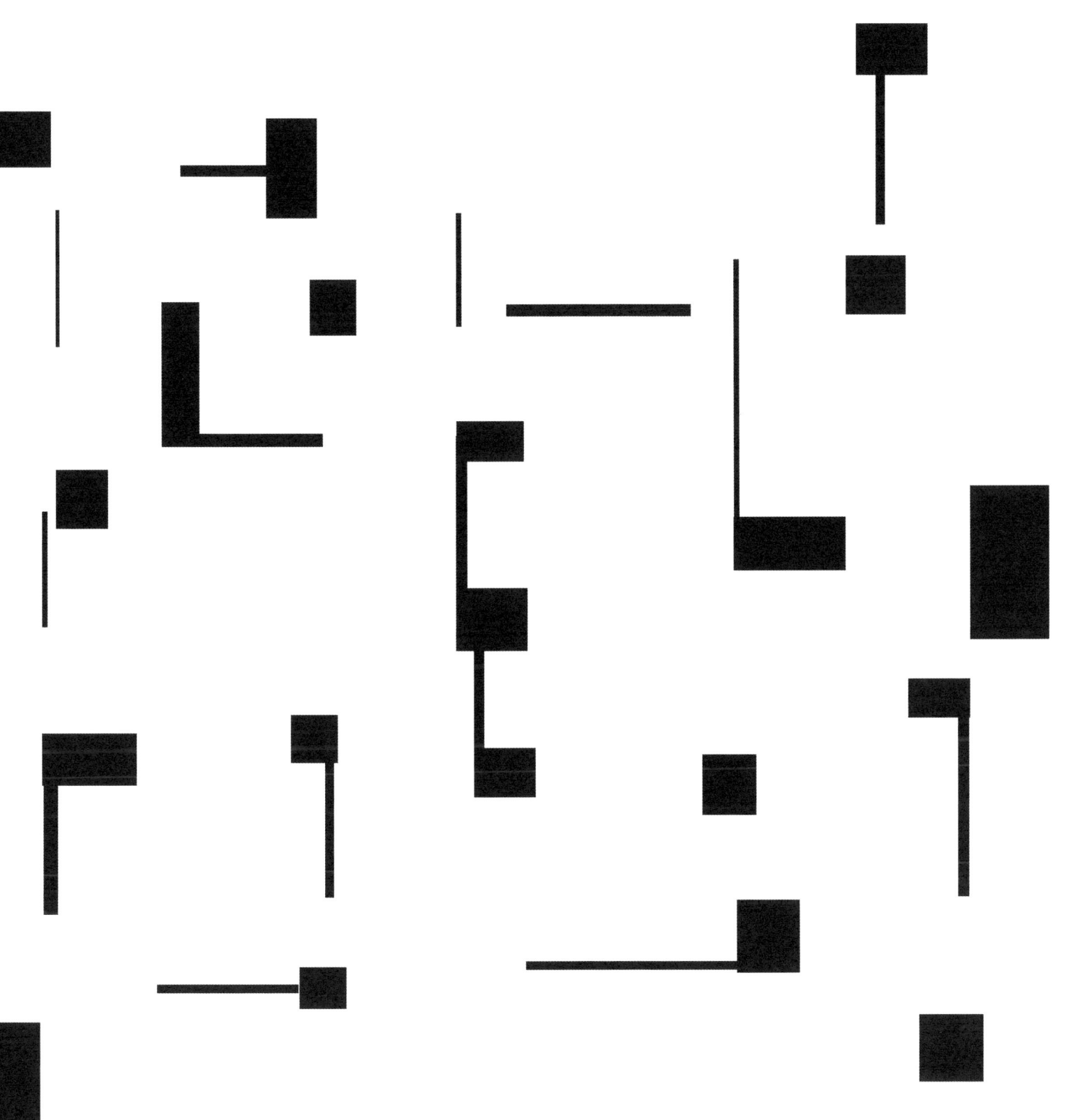

Supernapoli e la "terra dei fuochi", nella pagina precedente, l'impronta dei corpi scala proiettata sul suolo. In queste pagine, schizzi di studio dei blocchi sospesi sugli scheletri di calcestruzzo.
Supernapoli and the "land of fires", in the previous page, the imprint of the stairwells cast on the ground. In these pages, study sketches of blocks suspended on the concrete skeletons.

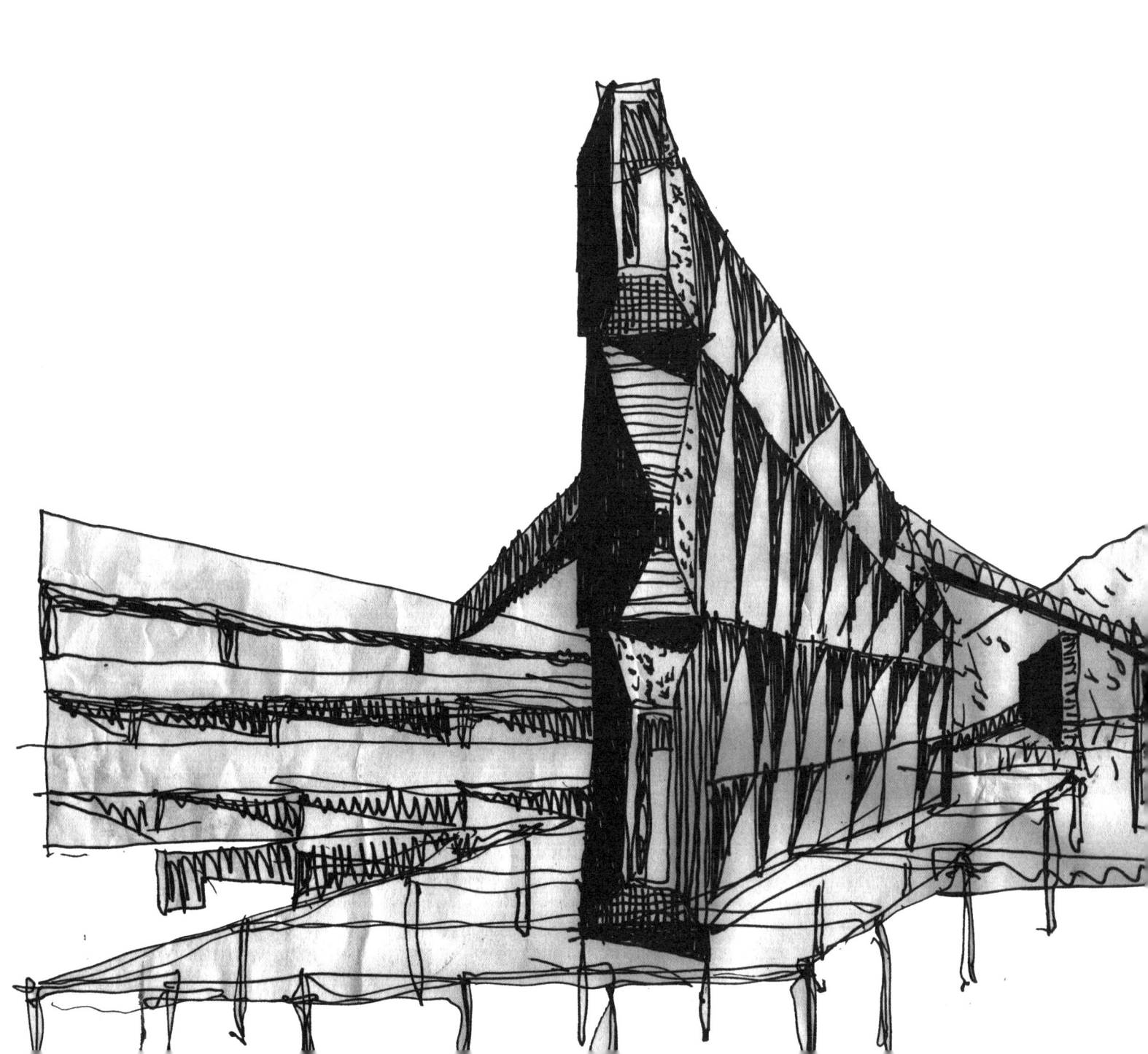

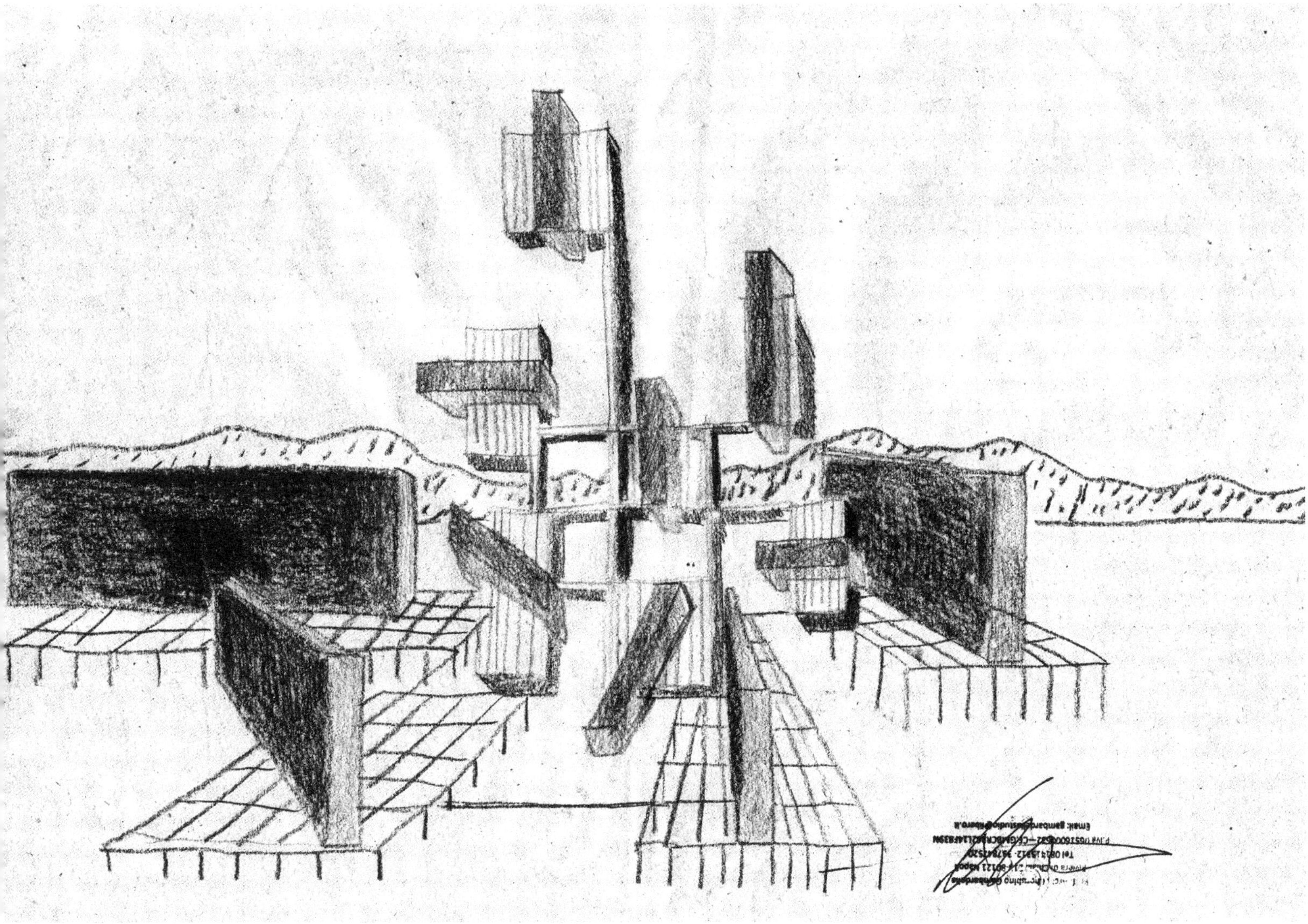

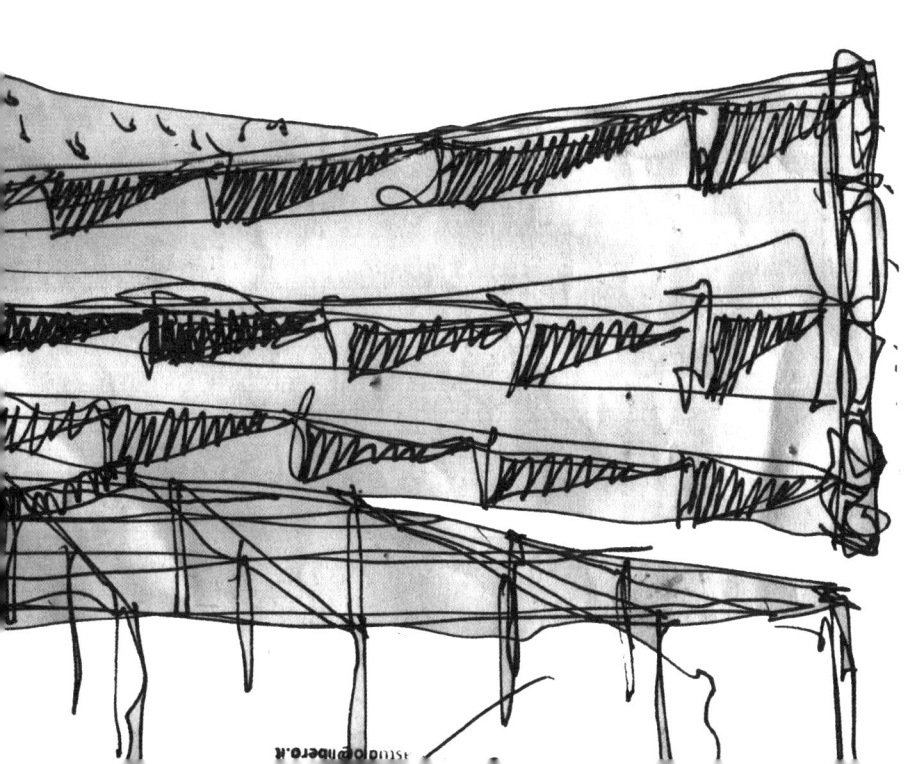

41

Supernapoli e la "terra dei fuochi", in queste due pagine, planovolumetria e viste del nuovo sistema insediativo.
Supernapoli and the "land of fires", in these two pages, plan views of the new settlement system.

Supernapoli e la "terra dei fuochi", in queste due pagine, schema planimetrico e profili del nuovo insediamento.
Supernapoli and "the land of fires", in these two pages, plan diagram and profiles of the new settlement.

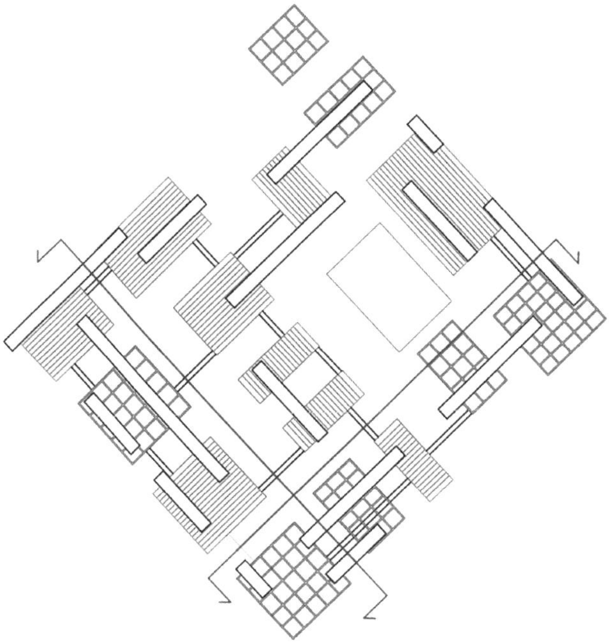

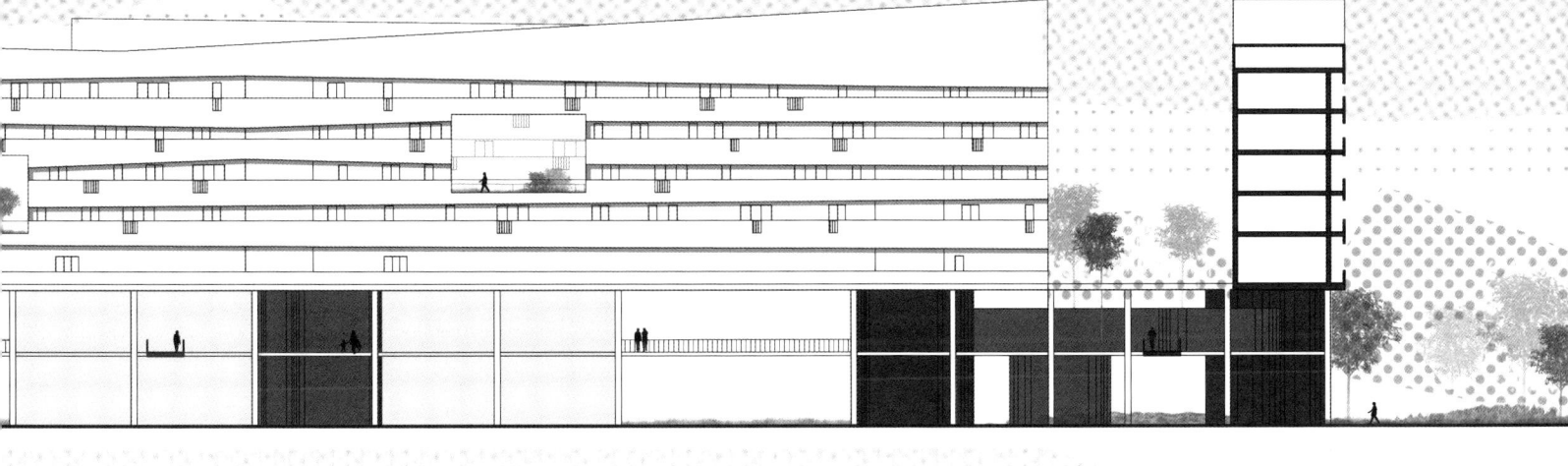
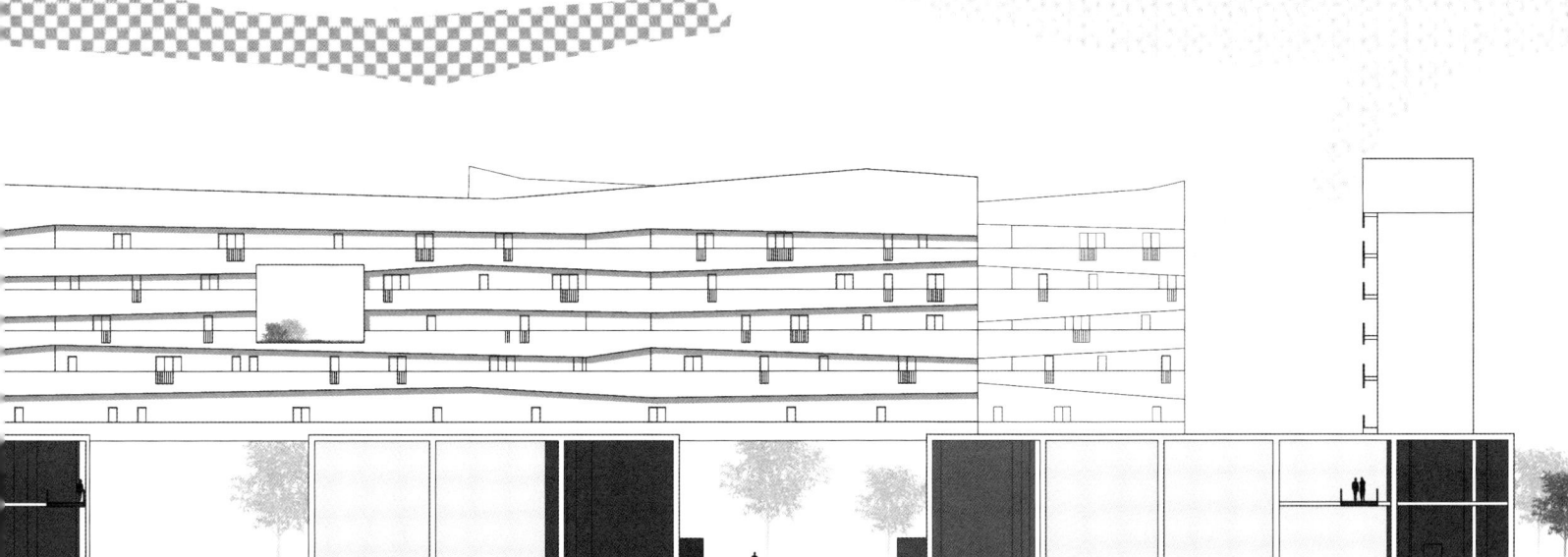

La prima immagine pubblica delle *Vele* di Scampia – controverso insediamento di case popolari disegnato negli anni Settanta da Franz di Salvo – ha l'intensità di una narrazione filmica e il volto inciso e bellissimo di Marina Suma.
Siamo nel 1980 e il film di Salvatore Piscicelli – *Le occasioni di Rosa* – porta alla ribalta internazionale la periferia a nord di Napoli con le sue contraddizioni e il suo degrado sociale. Dai quartieri del centro storico, decine di migliaia di persone si trasferiscono, senza un lavoro, in un immenso dormitorio collettivo che in pochissimo tempo diviene uno dei centri più importanti dello

Scampia

Scampia district

spaccio di droga e la roccaforte di una miriade di attività illegali controllate da fazioni opposte di camorra che si combattono ciclicamente in vere e proprie guerre sanguinarie. Di queste guerre, le *Vele* sono uno scenario architettonico di degrado e prostrazione. Gli edifici dalla inconfondibile sagoma a Ziggurat si distinguono dagli altri alveari senza nome per una indubbia carica iconica. È forse proprio la loro bizzarria monumentale, confermata dall'errore di concepire bui ed insicuri sistemi di ballatoi che si incuneano tra di loro, a conferire gravi responsabilità a questi edifici portando addirittura a una difficile demolizione di due blocchi che, ottimamente costruiti, resistono

The first image published by delle *Vele* of *Scampia*, controversial settlement of public housing design in the 70's by Franz di Salvo, has the intensity of a filmic narration and the beautiful engraved face of the actress Marina Suma.
We are in the 1980 and the film by Salvatore Piscicelli – *Le occasioni di Rosa* – internationally brings to light the suburb of Nord Naples with its contradictions and social decay.
From the neighborhood of the historic center, millions of people move away without work in an immense collective dormitory that in no time became one of the most important centers of drug dealing and the stronghold of a multitude of illegal activities controlled by opposing groups of *camorra* that fight against each other continuously. The *Vele* are architectonic sceneries of decay and prostration. Where these wars take place. The buildings with the unmistakable silhouette in the shape of a Ziggurat stand out from the other nameless structures for an un-doubtable iconic power. It might be for their monumental eccentricity confirmed by the mistake of conceiving dark and unsafe corridor systems that wedge with each other giving responsibilities to these buildings. This also led to the difficult demolition of two blocks that heroically resist to the ex-

eroicamente alla carica di un esplosivo demagogicamente rigeneratore. Il dibattito su questo quartiere diviene un caso nazionale e anche un pretesto per discutere del degrado della periferia napoletana. Fautori di un improbabile restauro filologico si oppongono ad altrettanto improvvidi sostenitori di una sommaria sostituzione edilizia. Le Vele resistono indomite e, già nei primi anni duemila, immagino un progetto di recupero salvaguardandone la sagoma possente. Rimodulo gli accessi attraverso semplici corpi scala e ascensori in linea, che riducono il carico e la responsabilità di degrado dei ballatoi, pensando anche a un grande recinto permeabile e controllato in cui far sorgere orti e spazi verdi privati. Immagino percorsi parabolici che conducano le auto sino ai piani più alti, e nello stesso spessore del recinto

plosive charges, which were supposed demagogically to have a regenerating power. The debate on this neighborhood became a national case and also an excuse to discuss about the decay of the Neapolitan suburbs. The supporters of an improbable conservative restoration oppose to the supporters of a constructive substitution. The *Vele* still resists without being domed and during the beginning of 21st century I already imagined a recovery project safeguarding its silhouette. Remodeling the entrances through simple unit stairs and lifts that reduce the load and the deterioration responsibility of the corridors thinking about a great permeable and controlled fence in order to create gardens and private green spaces. I imagine parabolic paths that conduce cars to the higher floor and create spaces for commerce,

dispongo commercio, scuole, attività commerciali utili a rivitalizzare l'intera area a Nord della città. Di recente, vista l'incredibile consistenza strutturale realizzata da Riccardo Morandi, immagino di sopralzarle con *cappelli* architettonici pubblici e privati. Le *Vele* si trasformano,così, nel primo monumento presente della piana campana tra Napoli e Caserta e aspirano a porsi come prima scultura abitata di Supernapoli, una forma plastica assoluta aperta a trasformazioni e modificazioni, adduzioni e straordinarie vedute panoramiche. Un riscatto imperfetto e possibile trasforma il simbolo di un sogno fallito nella più intensa opportunità iconica della città presente.

schools, and commercial activities, useful to revitalize the entire area to the north of the city. Recently, since the great structural consistency created by Riccardo Morandi, I imagined elevating them with architectonic add-ons, both public and private. The *Vele* could get transformed into the first monument found between Caserta and Naples. They hence aim to be the first inhabited sculpture of *Supernapoli*, an absolute plastic form which is open to any transformations and changes, adductions and extraordinary panoramic views. An imperfect but possible redemption transforms the symbol of a failed dream in its most intense iconic opportunity in the present city.

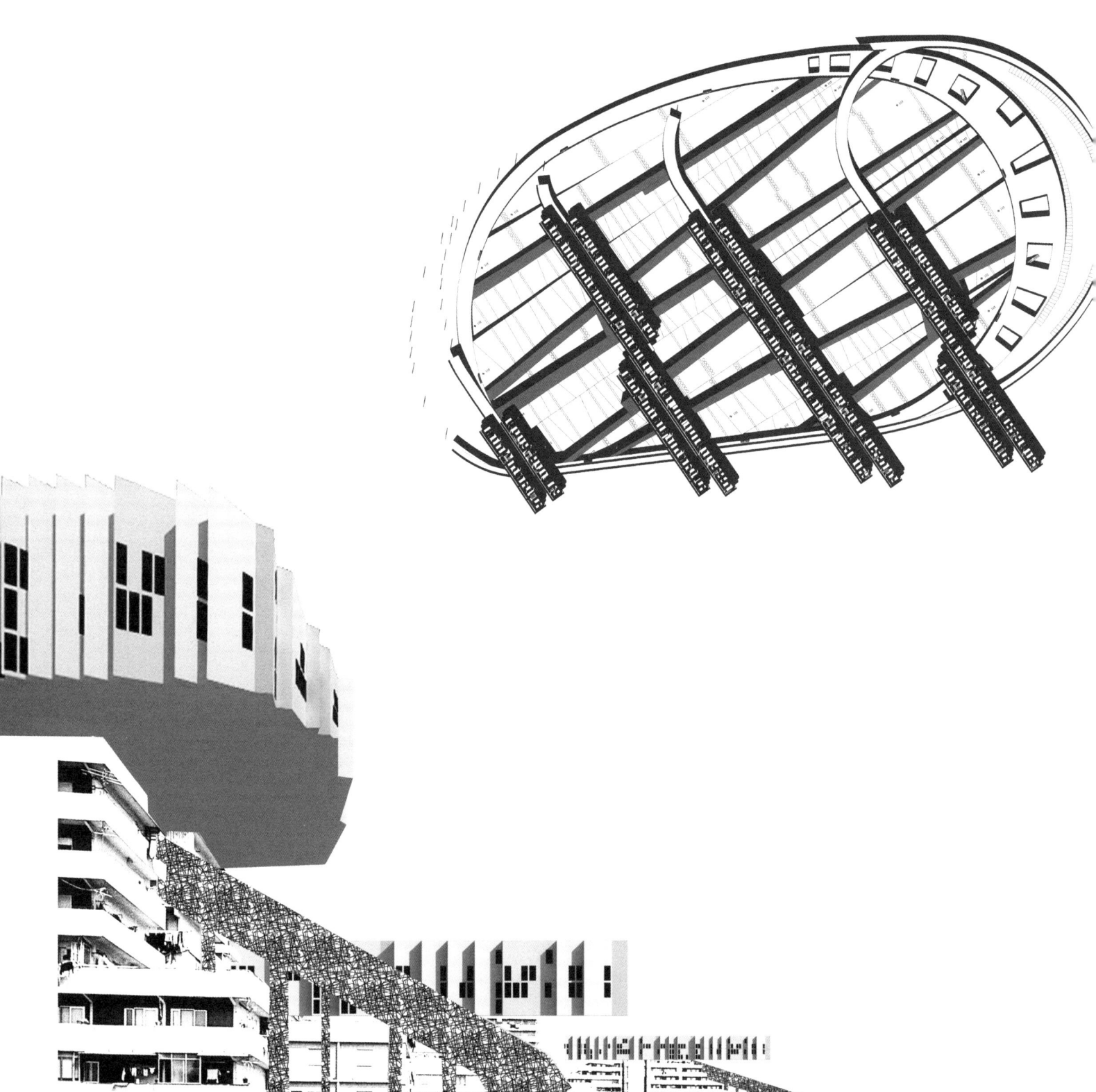

...ernapoli e *Scampia*, nella pagina precedente, schizzo di studio. In queste pagine: viste prospettiche delle Vele recuperate e nuovo impianto planimetrico ... scale in linea, ascensori e percorsi pensili carrabili.
...ernapoli and *Scampia*, in the previous page, sketch study. In these pages: perspective views of restored *Vele* and new floor plan with line stairs, lifts and ...ging trails driveways.

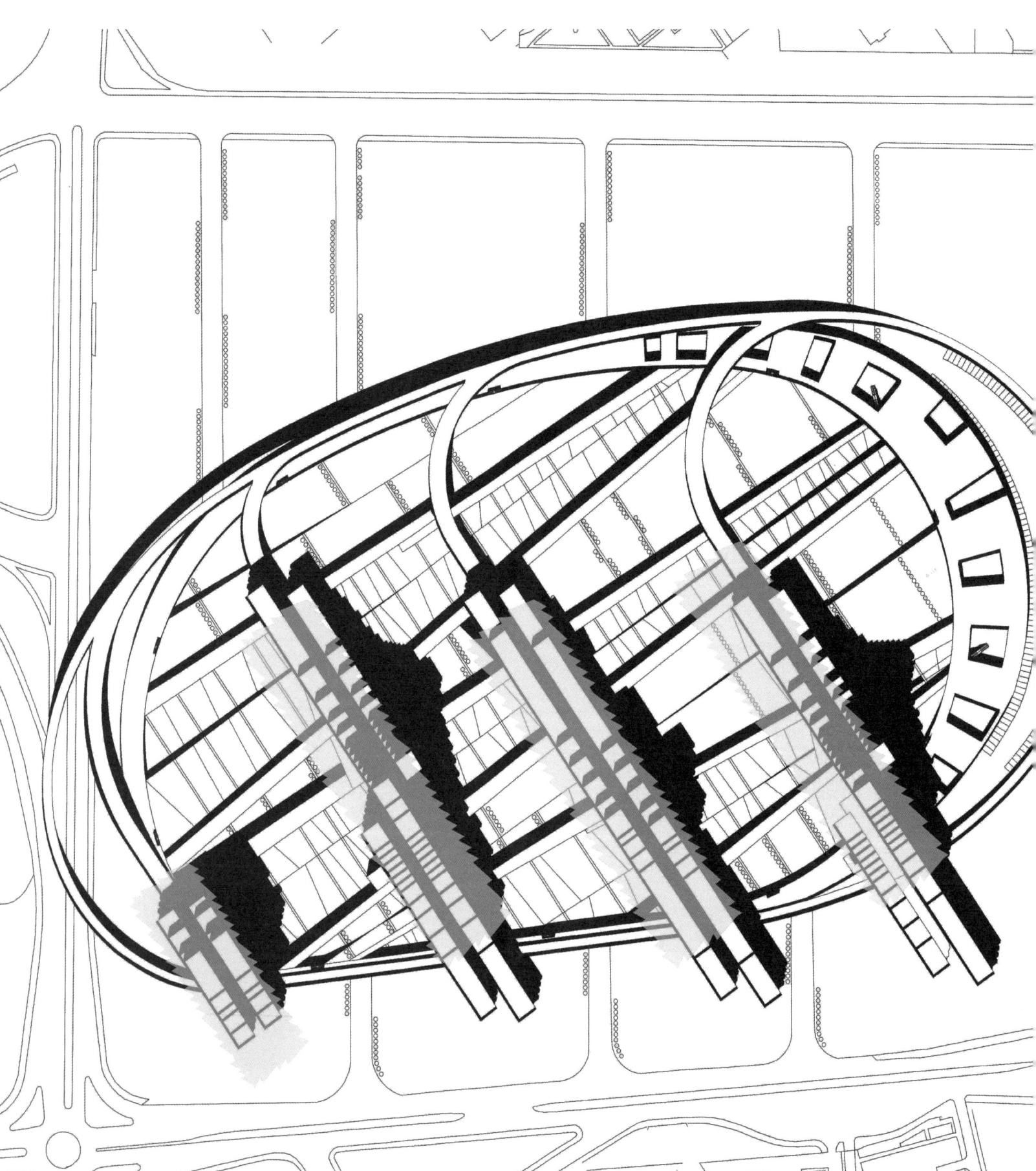

Supernapoli e *Scampia*, in queste pagine, planivolumentria del sistema insediativo, pianta tipologica del nuovo anello urbano dedicato a scuole, negozi e servizi di quartiere con gli orti urbani e prospetto della Vela corta.
Supernapoli and *Scampia*, in these pages, plan of the settlement system, typological plan of the new urban ring dedicated to schools, shops and neighborhood facilities with urban gardens and front of short *Vela*.

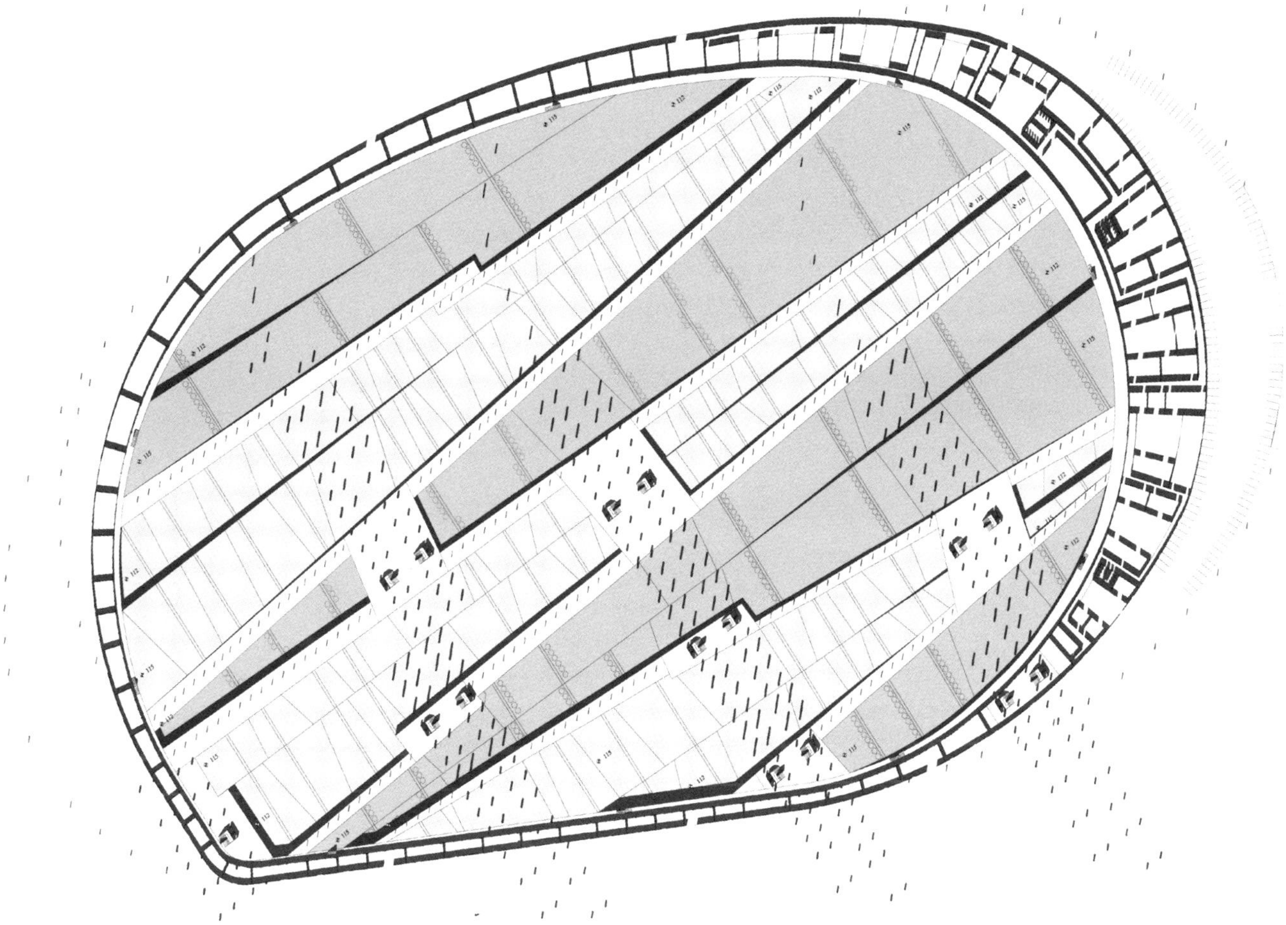

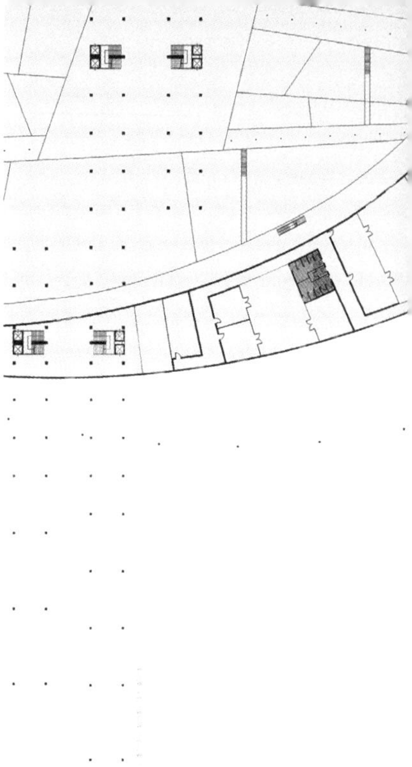

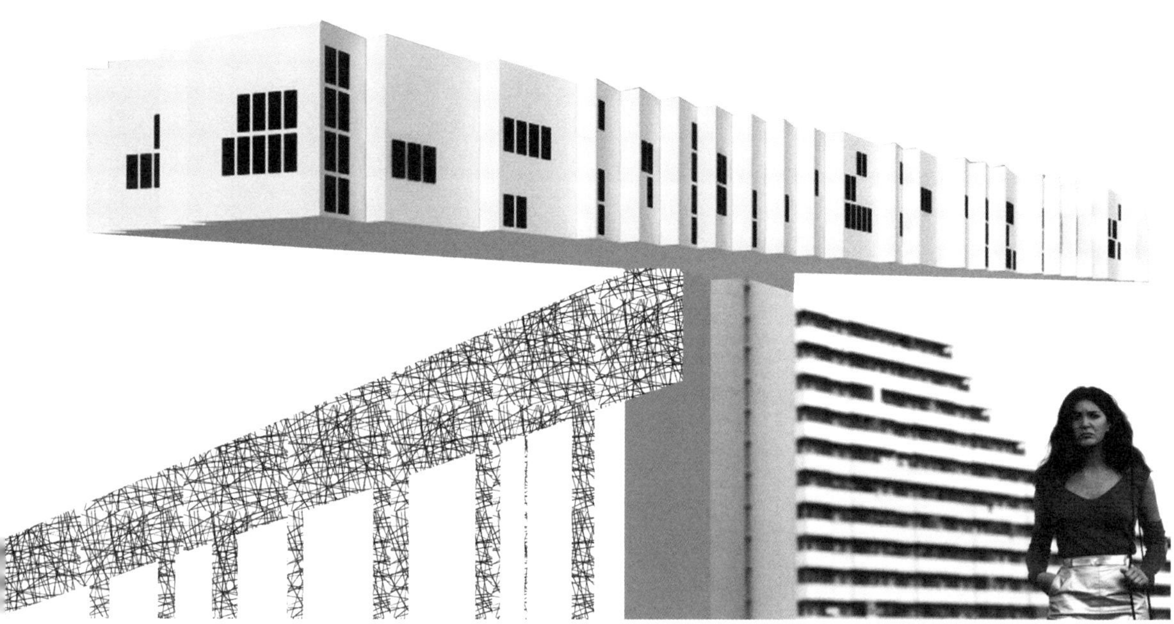

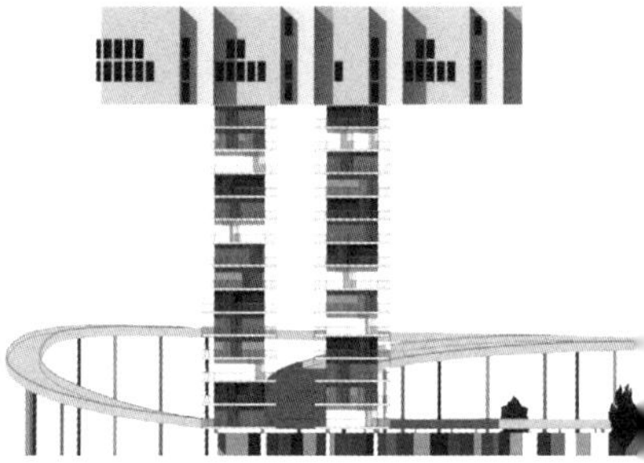

Supernapoli e Scampia, in queste pagine, prospetti e stralci planimetrici delle nuove Vele e collage del fotogramma del film "Le occasioni di Rosa" girato nel 1981 da Salvatore Piscicelli con l'attrice Marina Suma nel ruolo di Rosa, la prima storia girata interamente sulla vita di una ragazza del quartiere nel dopoterremoto a Napoli.

Supernapoli and *Scampia*, in these pages, fronts and plan excerpts of new *Vele* and collage frame of the movie "Le occasioni di Rosa" filmed in 1981 by Salvatore Piscicelli with actress Marina Suma in the role of Rose, the first story entirely filmed on the life of a girl from the postheartquake neighborhood in Naples.

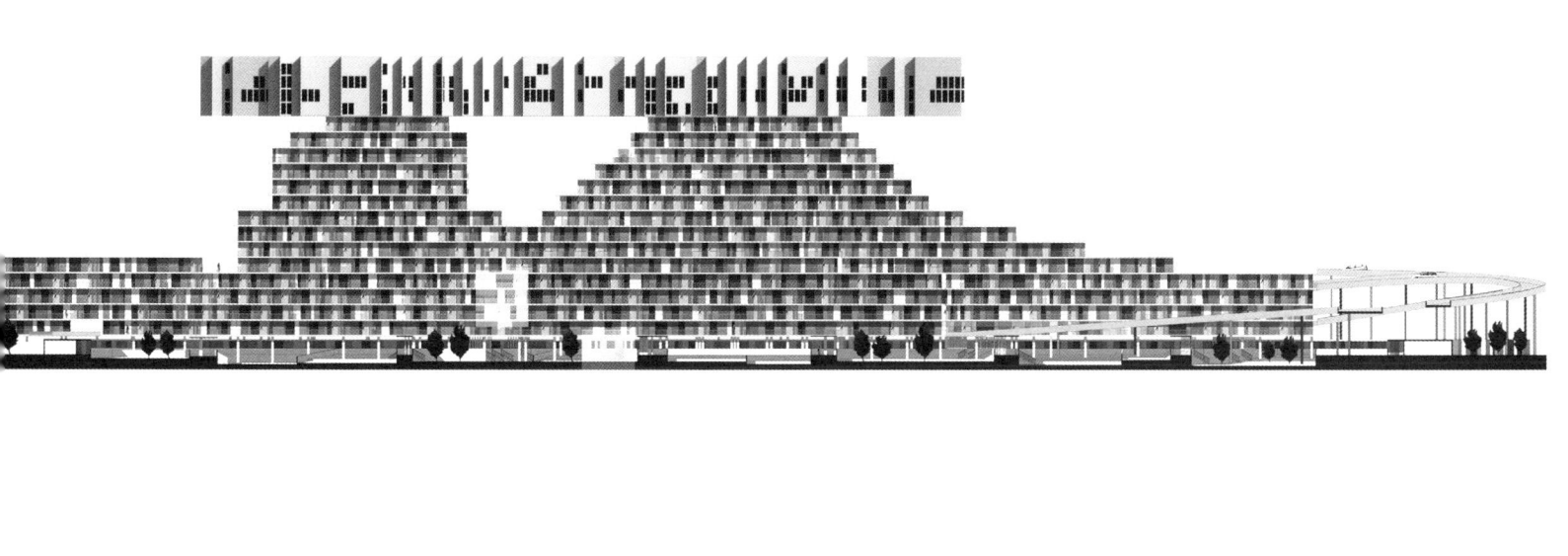

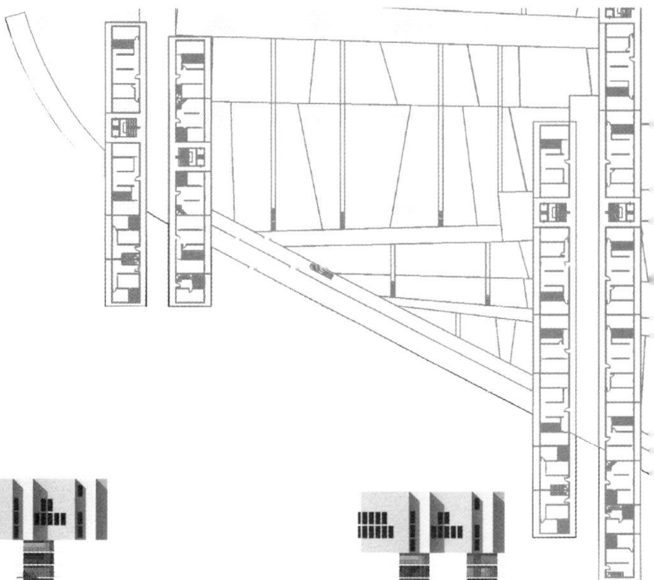

«Non è piana, non è verticale, è un percorso che sale in collina» così cantava Edoardo Bennato nel 1987 ritornando, per l'ennesima volta, su un tema abbandonato di Napoli. È obliqua, infatti, la città delle forre, delle pendenze impossibili che dall'anfiteatro collinare si spingono fino a valle usando sentieri tortuosi ricavati dall'interramento di antiche sorgenti fuori le mura.
Oggi questa ragnatela è un vero e proprio agglomerato di borghi in pendenza come vene di percorso occultate nel ventre della città. Al contrario, la città possiede solo due strade o tre strade carrabili trafficatissime e poi praticamente il nulla.
Trafori di funicolari impegnative, linee sotterranee insensibili alla mutevolezza del paesaggio, una strana alchimia che esclude i napoletani dalla senzazione magica di vedere salendo. Calate come arterie di un remoto sistema vascolare che irregimenta l'acqua sino al mare usando la forza immane del dislivello, le *pedamentine*, da vie d'acqua diventano un percorso sicuro e inossidabile per saldare parti alte e basse nella città.
Antonio Genovese, nella metà dell'Ottocento aveva studiato uno straordinario treno panoramico per unire il Vomero e la città bassa, io penso a

La città obliqua e le sue vene

The oblique city and its veins

«It's not flat, it's not vertical, it's a path that brings you up on a hill» like Edoardo Bennato sang in 1987 bringing back, once more, an abandoned Neapolitan theme. In fact, Naples, oblique city of gorges, whose impossible slopes start from the amphitheater on the hill and push down to the valley through the winding passages that come from ancient springs outside the city walls. Today this sort of spider web is an area of tilting villages on a slope, like hidden paths in the womb of the city. On the contrary, it has only a few, streets only accessible to vehicles, which are full of traffic. The rest has nothing. Daring cable railways, underground tunnels insensible to the changing landscape, a strange alchemy that excludes the Neapolitans from the magic sensation of the view while going uphill. Like the arteries of a remote vascular system that uses the amazing force of the slope to regiment the water, so that they can reach the sea, the *pedamentine*, at first water ways, become a secure and imperishable route to connect low and high parts of the city.
Antonio Genovese, in the mid-eighteen century, studied an extraordinary panoramic train to connect *Vomero* and the low city. I think to something lighter, moving stairs and small chair lifts to

qualcosa di più leggero, a scale mobili e piccole seggiovie per tramutare in segni di collegamento puntuali le forre popolate da parchi in pendenza, le ripide *pedamentine* e le salite ormai urbane. Scorci improvvisi di Golfo, percepiti dalla massa policroma della collina edificata, si trasformano in una multiforme rete di salite meccanizzate e discese naturali per restituire a uno spazio oggi impresidiato una collezione di luoghi dove le persone finalmente potranno ammirare con semplicità e stupore il volto riformato di Supernapoli.

change the gorges full of parks, the steep *pedamentine* and the urban hills into punctual connections. Sudden views of the gulf, perceived from the polychrome mass of the edified hill, get transformed in a web of mechanic rises and natural downhill to give back a collection of places where people will finally be able to admire with simplicity and amazement the new reformed face of *Supernapoli*.

Supernapoli, la città obliqua e le sue vene, collage su un percorso nuovo ricavato nelle antiche forre in pendenza della città. Nelle due pagine successive, studio di una risalita meccanizzata tra la città bassa e quella alta.
Supernapoli, the oblique city and its veins, collage on a new path built in the ancient slope canyons of the city. The next two pages, study of a mechanized lift between the lower and upper town.

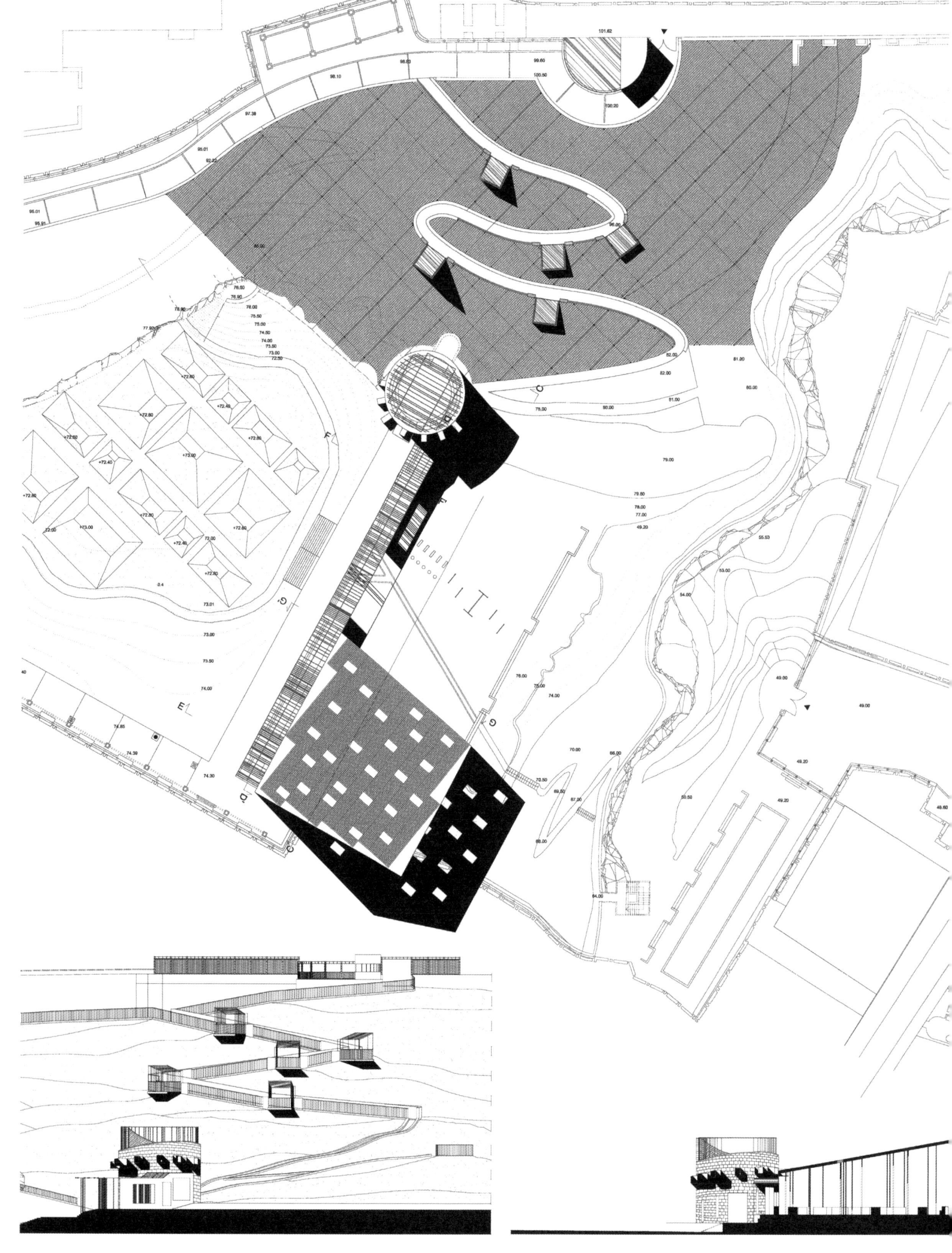

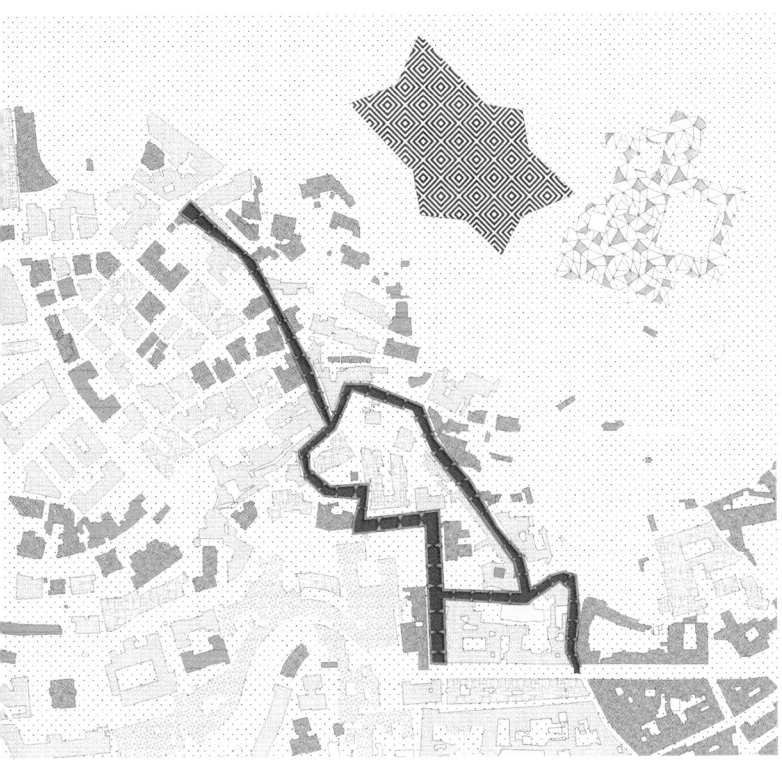

Supernapoli, la città obliqua e le sue vene, in queste due pagine, interventi planimetrici e simulazione prospettica per le risalite tra la città bassa e quella alta.
Supernapoli, the oblique city and its veins, in these two pages, plan interventions and perspective for the ascents between the lower and upper town.

Un corpo unico e densissimo di case costruite su una scacchiera sovraimposta cinquecento anni fa a una collina popolata da monasteri e conclusa da una fortezza. Nell'Ottocento un viadotto su possenti archi di tufo, la prima via tangenziale di Napoli, ne ferma lo sviluppo come una diga e permette di ammirarne i tetti e i terrazzi dall'alto.

La maglia ortogonale dei Quartieri Spagnoli, disegnata da Ferdinando Manlio per il vicerè di Napoli, Pedro da Toledo, è una delle cose più resistenti che la città abbia mai prodotto. Inizia a vivere con case di due o tre piani e in meno di un secolo diventa un *canyon* di strade bordate da palazzi di sette o addirittura otto piani.

Riconoscibile e degradata, conta pochi larghi e piccole piazze fondamentali per il senso dell'orientamento garantito comunque dalla condizione di insediamento in pendenza. Penso che la sua forza maggiore sia proprio nella sua vita sospesa, nei terrazzi alti e privati delle sue case ed immagino di rimodellarne le sopraelevazioni costruendo ponti pensili tra i suoi edifici, percorsi pedonali sospesi pubblici e privati, vie affacciate su scorci mai visti della città dove il rapporto tra mare e collina non esclude la simultaneità della visione. L'azione architettonica che prepara a

I quartieri Spagnoli

The Spanish quarters

A unison body with dense houses built above a orthogonal plan realized on the top of a five hundred years old hill, which was previously populated by monasteries and had a fortress on the top. In the eighteenth century an overpass on top of a massive tuff arches, the first Neapolitan highway, stopped its development like a dam that allowed the view from the above houses and terraces. The orthogonal knit of the *Quartieri Spagnoli*, designed by Ferdinando Manlio for Pedro da Toledo, the Spanish viceroy of Naples, is one of the most resistant things the city has ever build. It begun with houses of two or three floors and in less than a century it became a sort of canyon of streets bordered by palaces with seven or even eight floors. Easily recognizable and degraded, the *Quartieri Spagnoli* have little open spaces and small squares that are essential to the sense of direction together with the slope of the streets. The slopes are the biggest strength of *Quartieri Spagnoli* together with the high terraces of the private buildings. I imagine to re-elaborate the elevations creating bridges to connect the edifices, pedestrian routes, public and private, overlooking never before seen views of the city, where the relationship between the sea and the hills does not exclude a simultaneous vision. The

questo effetto è la riscrittura e il potenziamento delle aggiunte costruendo una città di oggi sulle fondamenta della scacchiera ispanica.

architectonic action that sets for this effect is the strength of the rewritings and of the additions by building a modern city on the foundation of the Hispanic orthogonal plan.

Supernapoli, in questa pagina, collage di studio prospettico della nuova modulazione dei Quartieri Spagnoli a Napoli. *Supernapoli*, on this page, perspective study collage of the new modulation of the Spanish Quarters in Naples.

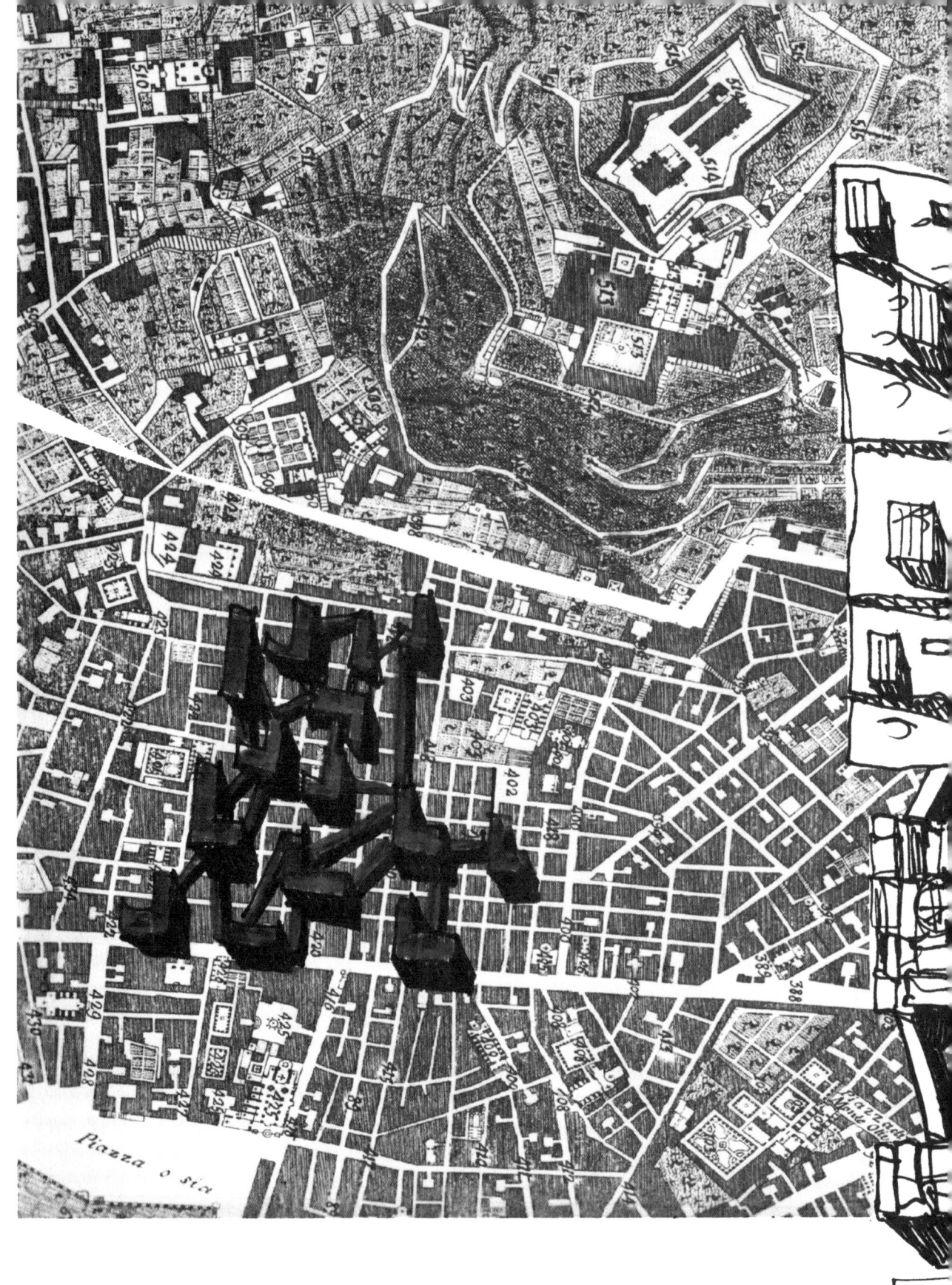

Supernapoli, in queste pagine, schizzo di studio e simulazione prospettica – sovraimposta alla Pianta del Duca di Noja (1778) – dell'intervento di nuova modulazione dei Quartieri Spagnoli a Napoli. Nelle due pagine precedenti, simulazione prospettica dell'intervento vista dal lungo percorso a mezza cost costituito dal Corso Vittorio Emanuele.

...ernapoli, in these pages, study sketch and perspective simulation – superimposed to the plan of the Duke of Noja (1778) – of the intervention of the modulation of the Spanish Quarters in Naples. In the two previous pages, perspective simulation of the intervention from the long half coast path of the ...so Vittorio Emanuele.

Supernapoli, in queste pagine, dettagli
assonometrici dell'intervento di nuova
modulazione dei Quartieri Spagnoli a Na[poli]

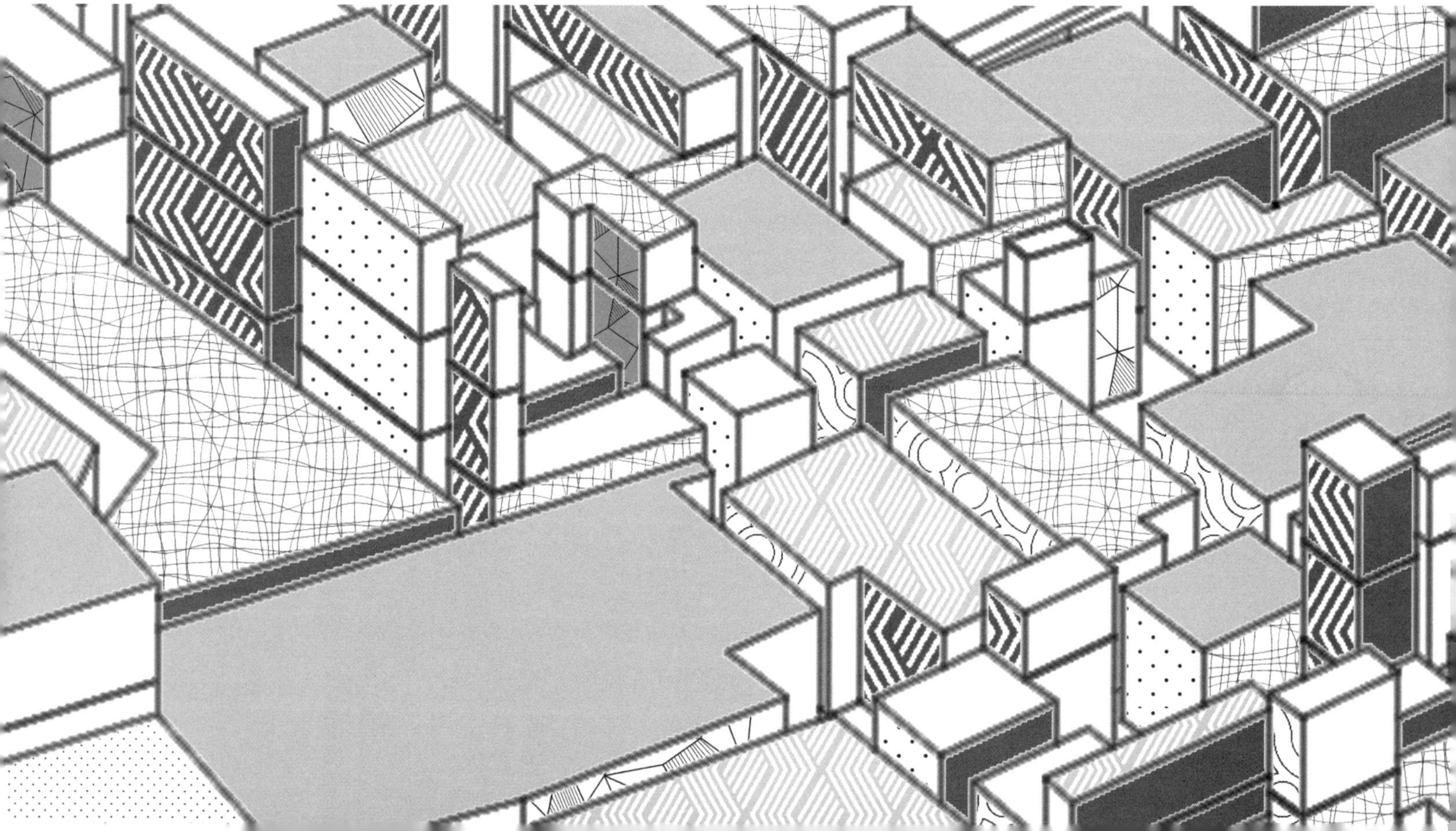

ernapoli, in these pages, isometric details
[of t]he intervention for the new modulation of
[the] Spanish Quarters in Naples.

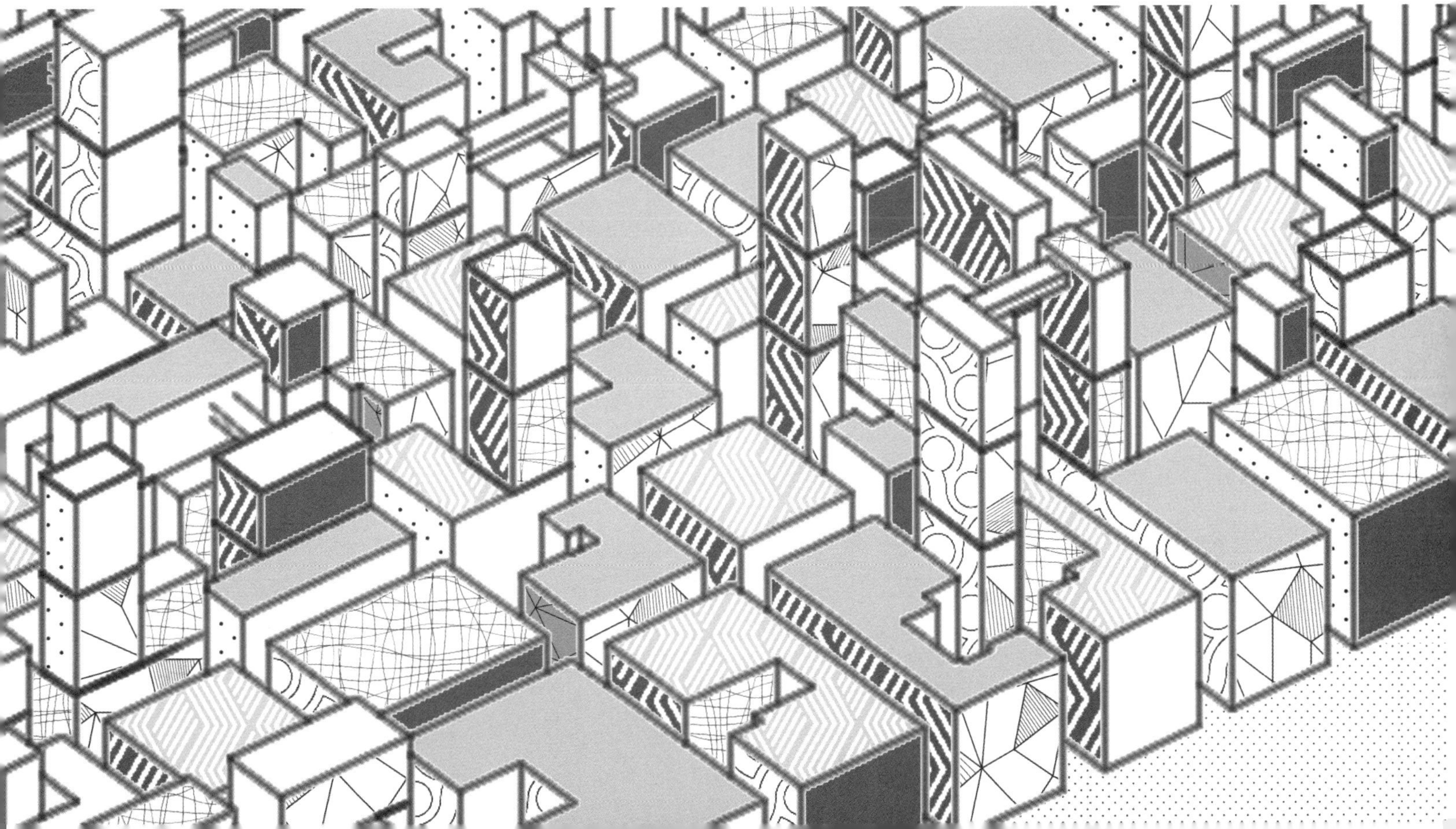

A Napoli c'era un vallone verde popolato di ipogei e catacombe che nel Seicento divenne città attraverso un tessuto di case ricavate tra le curve di livello vicino a monasteri e aree verdi. Un posto dalla luce speciale che i nobili e la borghesia scelgono per edificare nuove dimore. Per ben descrivere questo sito si possono usare le parole di Simonetta Agnello Hornby quando, riferendosi ai paesaggi del sud, ricorda che «la via misurava appena poche decine di metri ma sembrava più lunga in quanto stretta e piena di angoli creati dagli edifici a due tre piani che nei secoli si erano moltiplicati a caso accatastandosi l'uno

La Sanità

The Sanità district

sull'altro e inglobando le costruzioni originarie fino a formare quasi due muraglie contigue e irregolari»[8]. Alla Sanità oggi è così, il ponte ottocentesco taglia in due il quartiere, e dal momento della sua costruzione, un degrado improvviso e inesorabile si impadronisce del borgo senza riuscire a eliminare il fascino di un luogo dove una baraccopoli spontanea fa risaltare come tracce preziose resti ellenistici e romani.
Sanità è un quartiere povero, teatro delle faide di camorra, che solo da poco ha scoperto la forza dei suoi monumenti e il carattere misterioso dei suoi ipogei dedicati alla sepoltura dei morti per peste. Immagino, dal ponte, un edificio a forma di rampa

In Naples there was a big green valley populated by underground cavities and catacombs that in the seventeenth century became a city through a texture of houses built in between the level curves near monasteries and green areas. A place of special lighting that the nobles and the middle class chose to build new domiciles. An appropriate description of this site is to be found in the words of Simonetta Angnello Hornby which deal with the southern landscape: «the street barely measured ten meters but it seemed much longer since it was narrow and full of corners constructed by the three-stories tall buildings. During the centuries became always more and scattered one on top of each other. Older buildings were attached until they almost formed two contiguous and irregular walls»[8]. The *Sanità* today is the same as then, with a nineteenth century bridge that divides the neighborhood in half. At the beginning of the construction, a sudden and compulsory deterioration got a hold of the area without succeeding to eliminate the beauty of a place where a spontaneous slum let rise up the Hellenistic and Roman remains. *Sanità* is a poor area, scenery for the *camorra*. But only recently the city has discovered the value of its monuments and the mysterious underground cavities dedicated to the burial

che, come una passeggiata conduce fin dentro il cuore del quartiere e, ancora una volta, corpi accessori costruiscono un *lifting* per la *favela*. In alto, saldato al bellissimo ospedale di San Gennaro dei Poveri, dalla inconfondibile corte allungata, un tessuto di case a *patio* in pendenza conclude il percorso ricollegando alla curva di Capodimonte il quartiere e costruendone una nuova connessione con le arterie più potenti della città.

Ripopolare con case in pendenza questa ansa dimenticata diviene quasi un imperativo per favorirne il recupero, semplificandone l'accessibilità.

of those who died of plague.

I can imagine from the bridge a building the shape of a ramp that is a sort of walk into the core of the neighbourhood. Once again, its framework builds a *lifting* for the *favela*. On the top, there is the *San Gennaro dei Poveri* Hospital, shaped as an unmistakable elongated court, a knit of patio houses on an incline ends the path connecting the neighborhood to the curve of *Capodimonte*, constructing a new connection with the main roads of the city.

To repopulate this forgotten area tilting homes is a must in order to simplify the accessibility.

Supernapoli, la Sanità, planimetria generale dell'intervento di percorso alternativo alla grande strada napoleonica che taglia in due il quartiere annullandone la percorribilità e relegandola a una dimensione senza sbocchi viari, quasi un *cul de sac*.
Nelle due doppie pagine successive: dettagli assonometrici del recupero di vecchi isolati autocostruiti, fondati sul riuso di elementi costrutttivi desunti dal linguaggio dell'abusivismo.
Supernapoli, the Sanità, general plan of intervention of alternative route to the great Napoleonic road that cuts the neighborhood canceling the feasibility and relegating it to a routeless size, almost a *cul de sac*.
In the following two double pages: axonometric details of the restoration of old homebuilt blocks, based on the reuse of building elements taken from the language of illegal building.

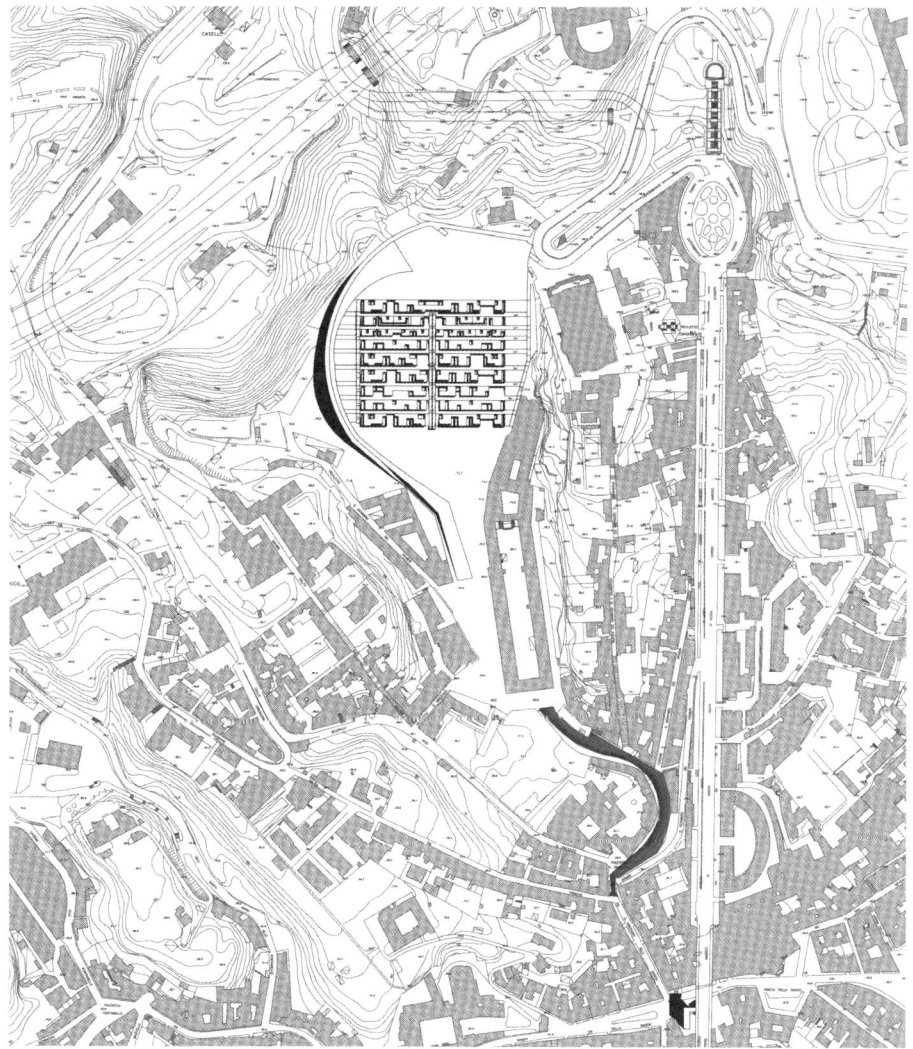

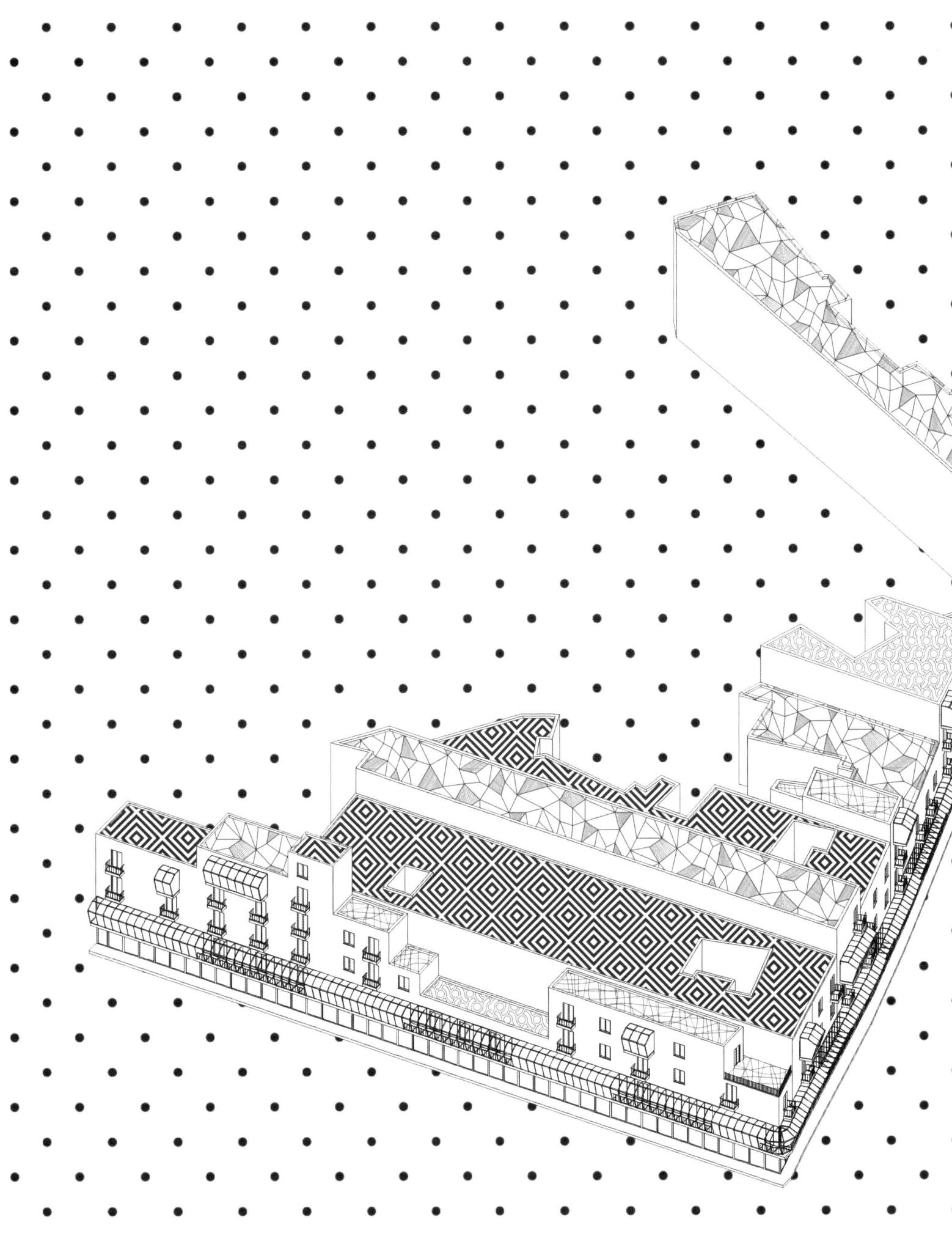

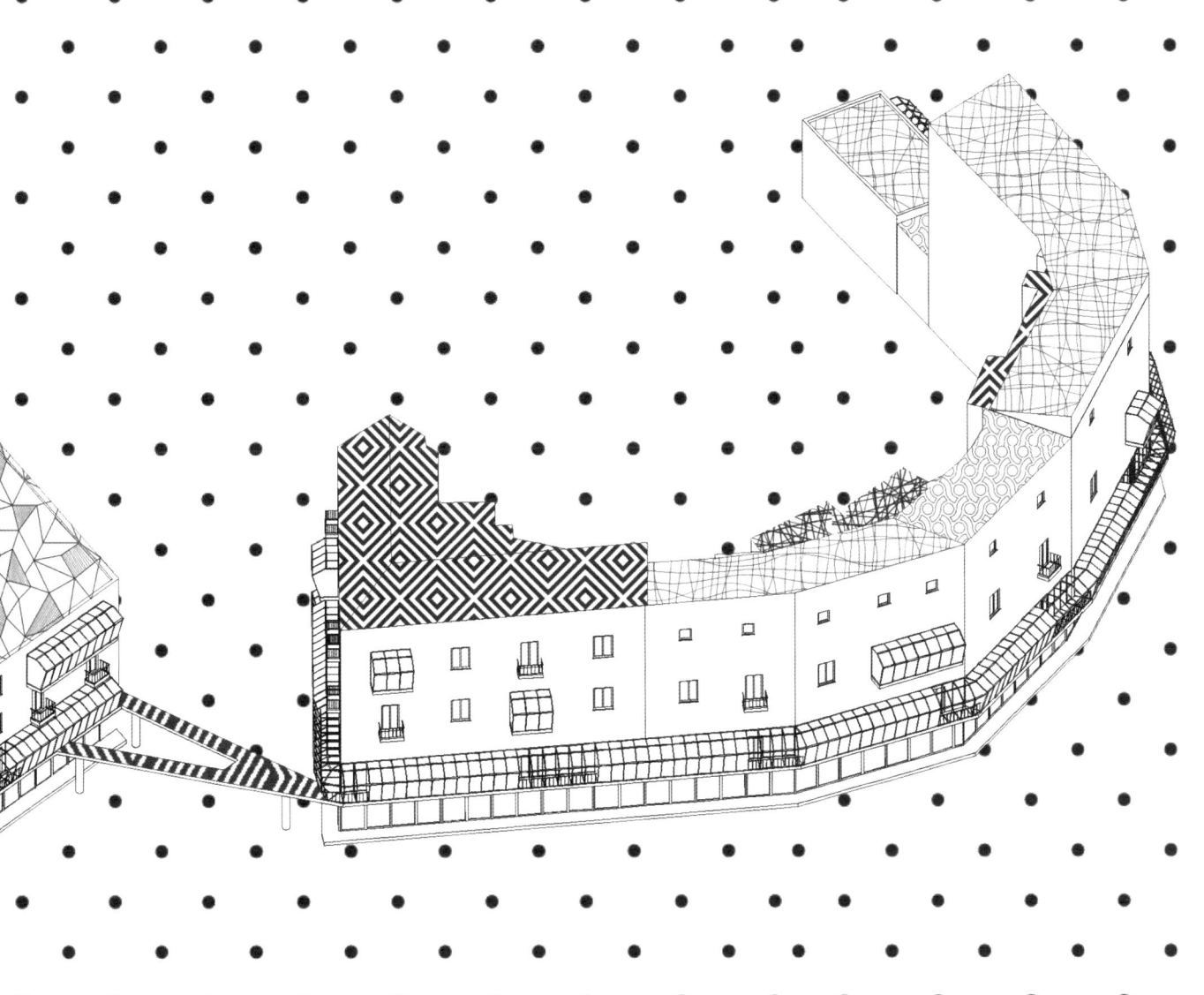

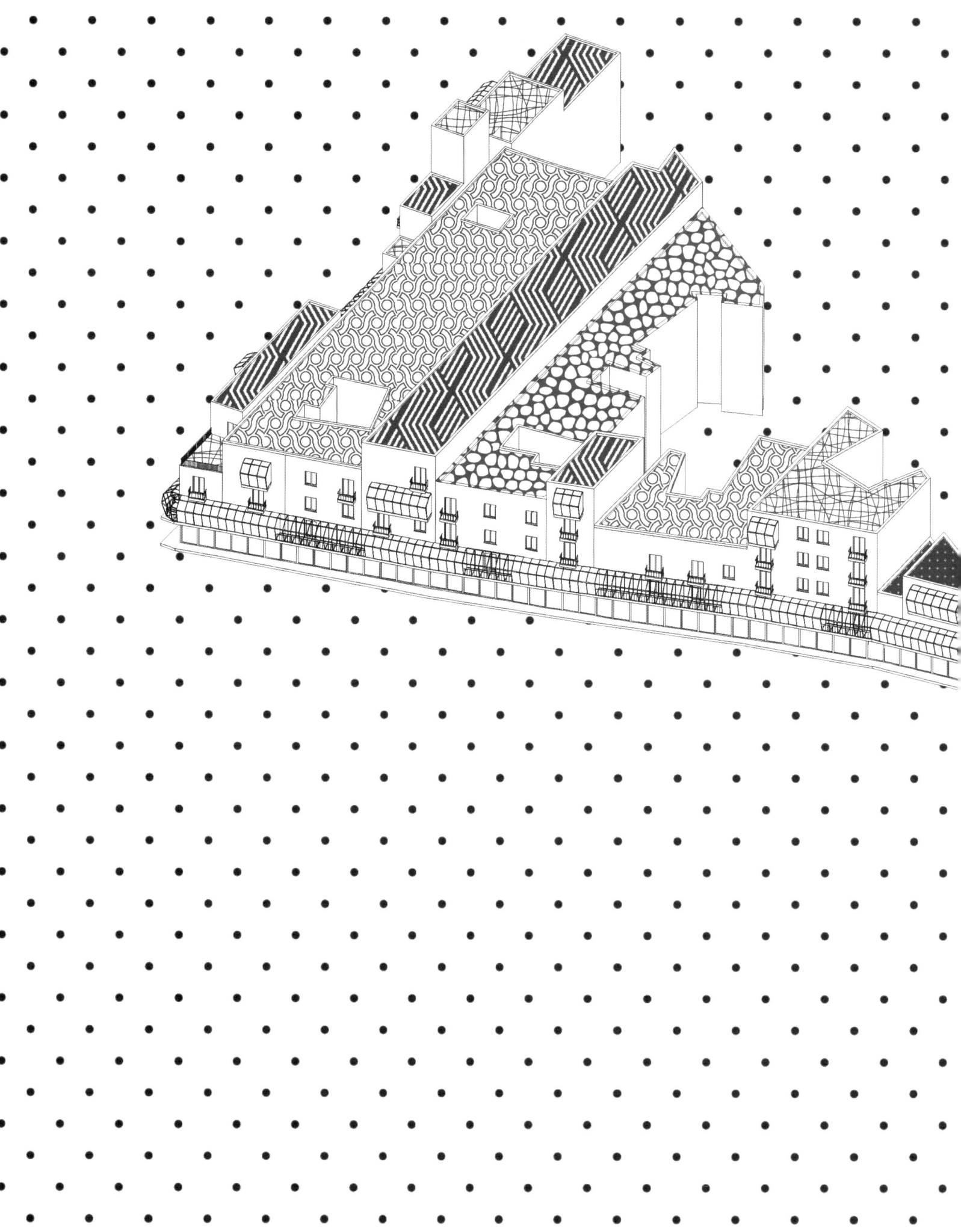

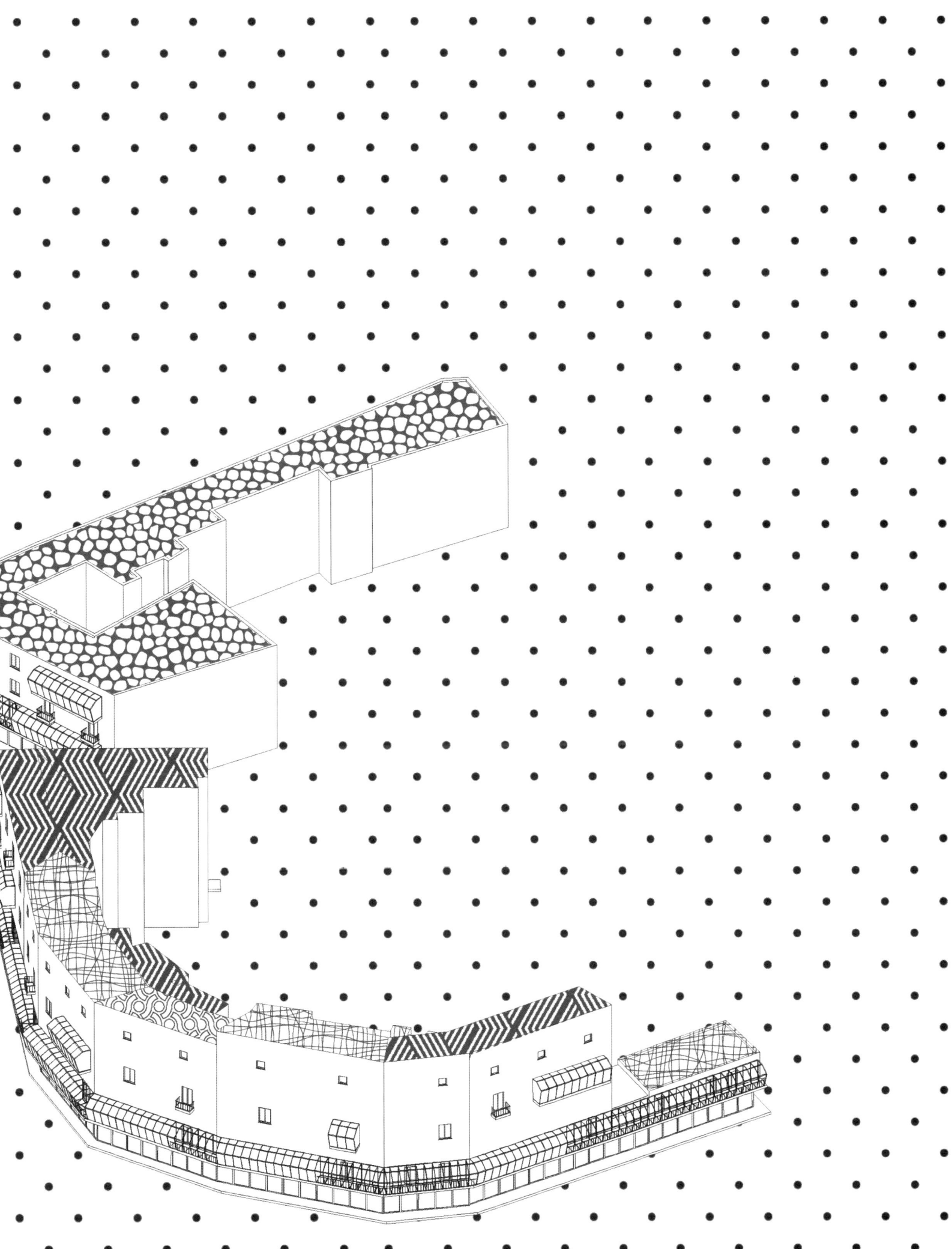

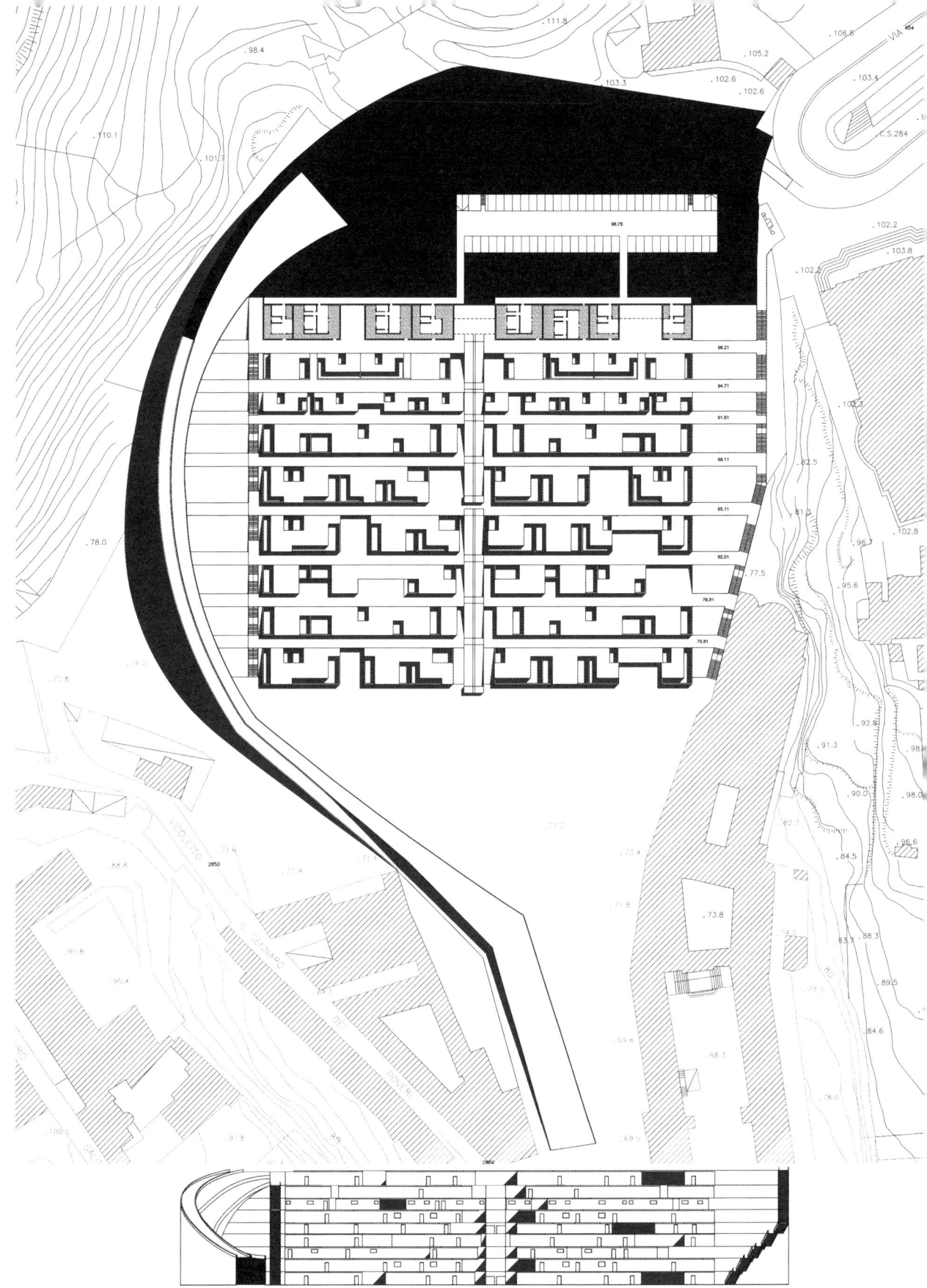

Supernapoli, la Sanità, planimetria generale della sistemazione del largo dell'antico ospedale di San Gennaro dei Poveri con una nuova strada che si riallaccia al percorso verso la Reggia di Capodimonte. Nella pagina a fianco, simulazione assonometrica dell'intervento.
Supernapoli, the *Sanità*, general plan of the layout of the space of the ancient hospital of *San Gennaro dei Poveri* with a new street that is linked to the pa towards the Royal Palace of *Capodimonte*. On the opposite page, axonometric simulation of the intervention.

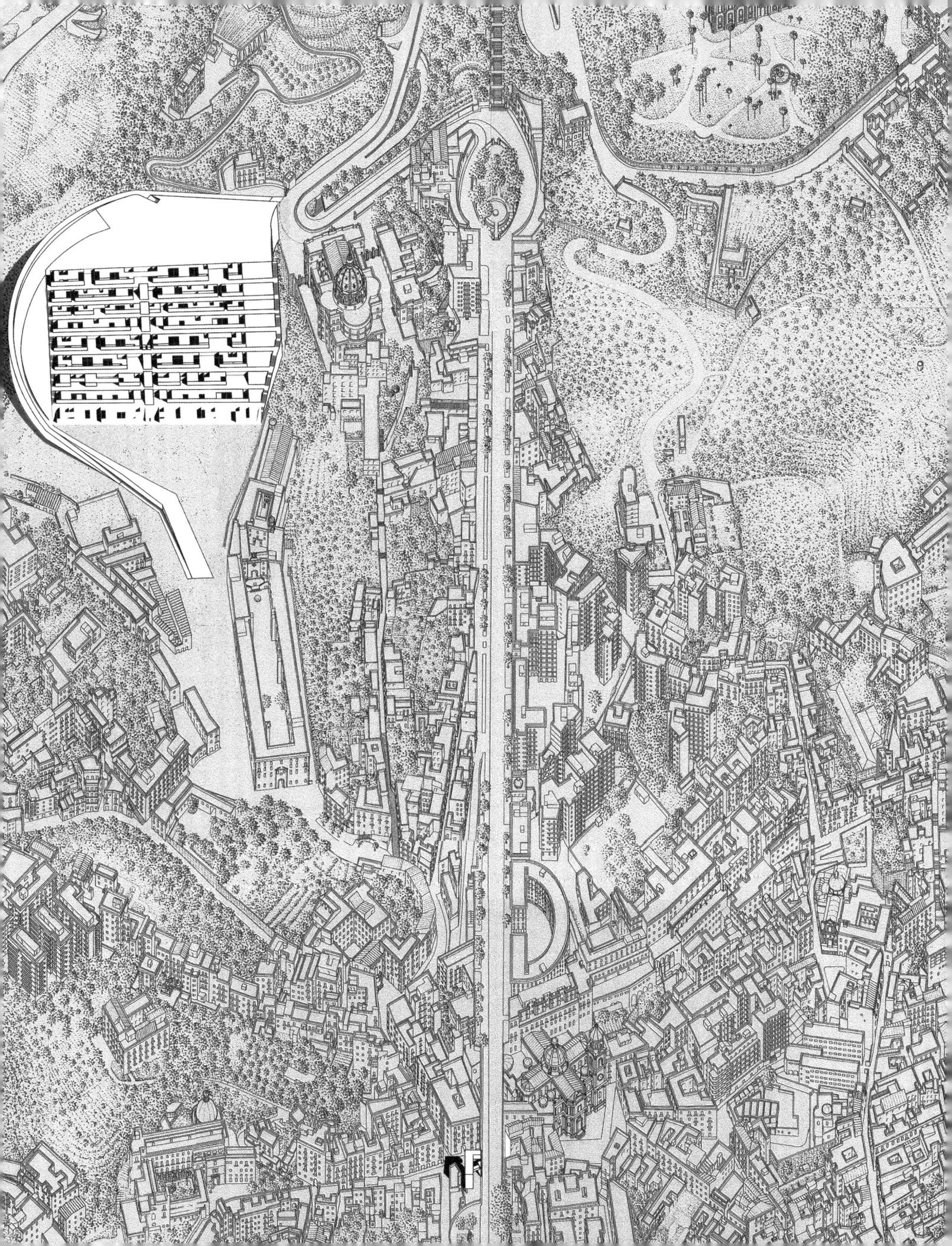

Continuazione del Centro Antico di Napoli, Forcella si struttura attraverso lunghi isolati dalla percorribilità impossibile. Un antico e contemporaneo ghetto di criminalità si unisce a vecchie *insule* conventuali costruendo un cretto inespugnabile di case autocostruite piene di fondaci e cortili segreti. Il nuovo volto di Forcella passa per una inversione concettuale.
Le strade diventano corti interne, gli isolati vengono sezionati da nuovi percorsi che ne mettono in collegamento i cortili privati. La densità a terra si riduce tra slarghi e piazze.
Quanto demolito viene recuperato in alto da sopralzi dalle forme forti ed iconiche, nuove case a torre su vecchie basi reimpostano una giacitura inattesa ed un quartiere dalla forma espressiva potente e plastica – che solo l'aggiunta verticale riesce a donare –, recupera la forza della sezione e il taglio verticale che immagino per il rinnovato insediamento.

Forcella

Forcella district

Forcella is an additional part of Naples' historic center. It has long blocks that are impossible to go through.
An antic but modern criminal ghetto that is a mixture of old blocks which hosted convents and dull conventional self-built houses full of storage rooms and secret courtyards.
Forcella will go through a conceptual change.
New routes that connect to the streets that became internal courts which divide the squares. The pavement's density is reduced by smaller and bigger squares.
When all this is demolished, space will be recuperated for reconstruction of elevate structures which have an expressive and strong plastic form with an addition to the sectional form and its vertical line.

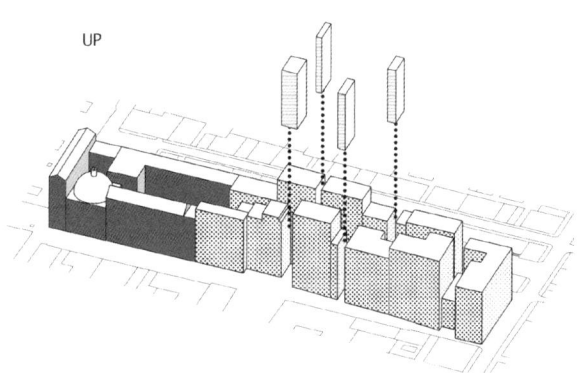
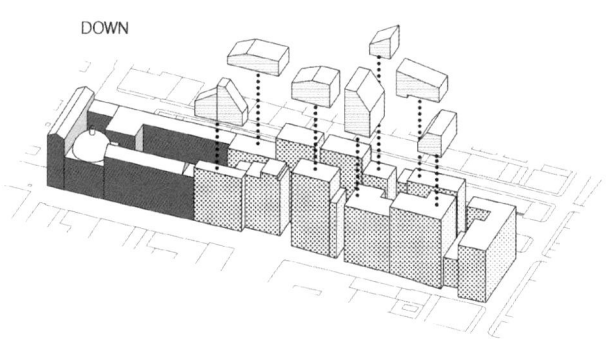

Supernapoli, Forcella, assonometria dell'intervento con la demolizione di alcune parti prospicienti l'antico sistema di strade ortogonali – ormai senza luce e aria – e l'inversione delle corti e dei percorsi interni al livello terra trasformati in spazi pubblici per incrementare le possibilità di accesso al quartiere senza stravolgere l'antico tessuto urbano.
Supernapoli, Forcella, isometric view of the intervention with the demolition of some parts facing the ancient system of orthogonal streets – today without light and air – and the inversion of the ground level courts and the internal paths transformed into public spaces to increase the opportunities for access to the neighbourhood without upsetting the old urban texture.

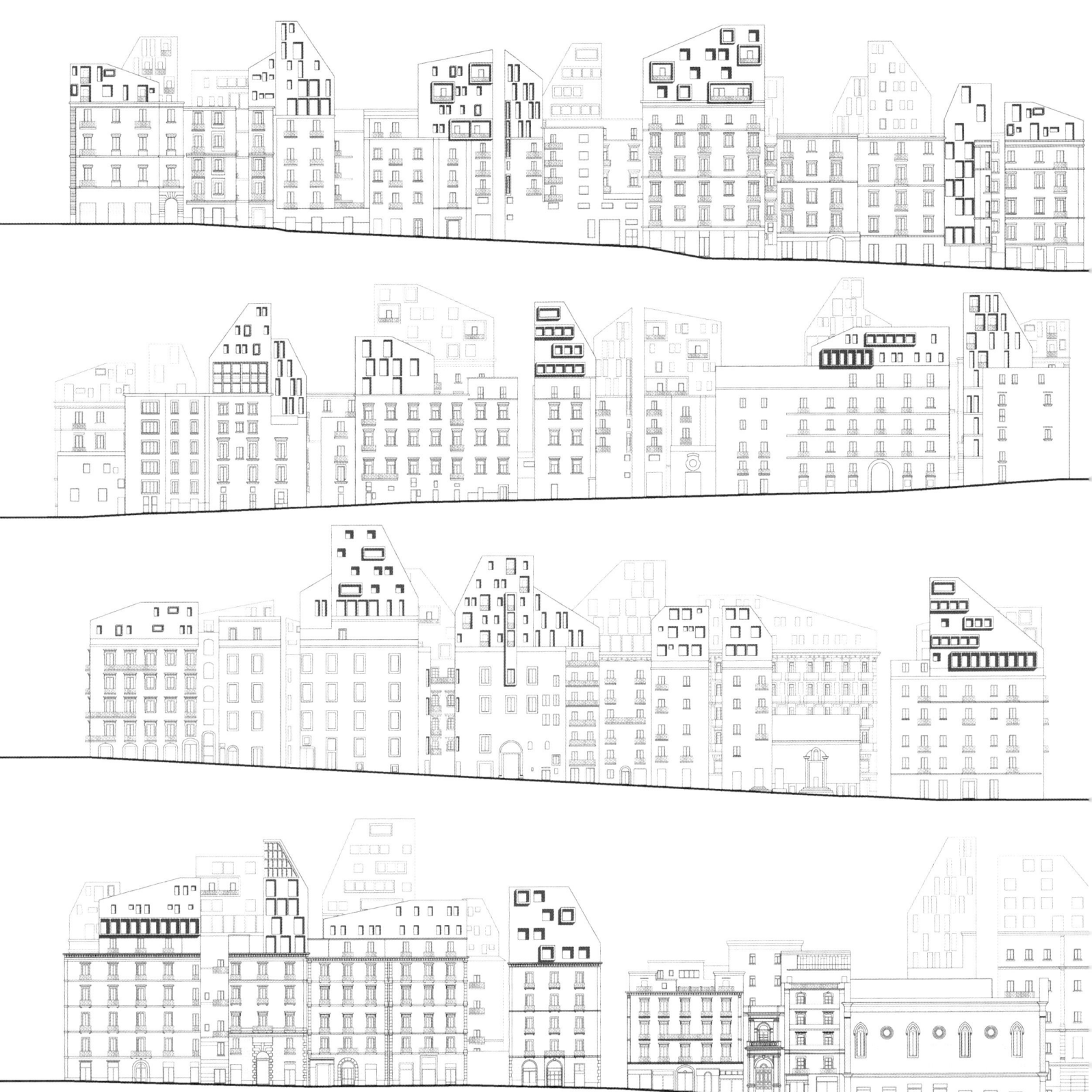

Supernapoli, Forcella, in queste due pagine: profili relativi alle aggiunte in verticale delle parti demolite. Nelle due pagine successive, viste assonometriche di due isolati e collage immaginario di un frammento di Forcella.

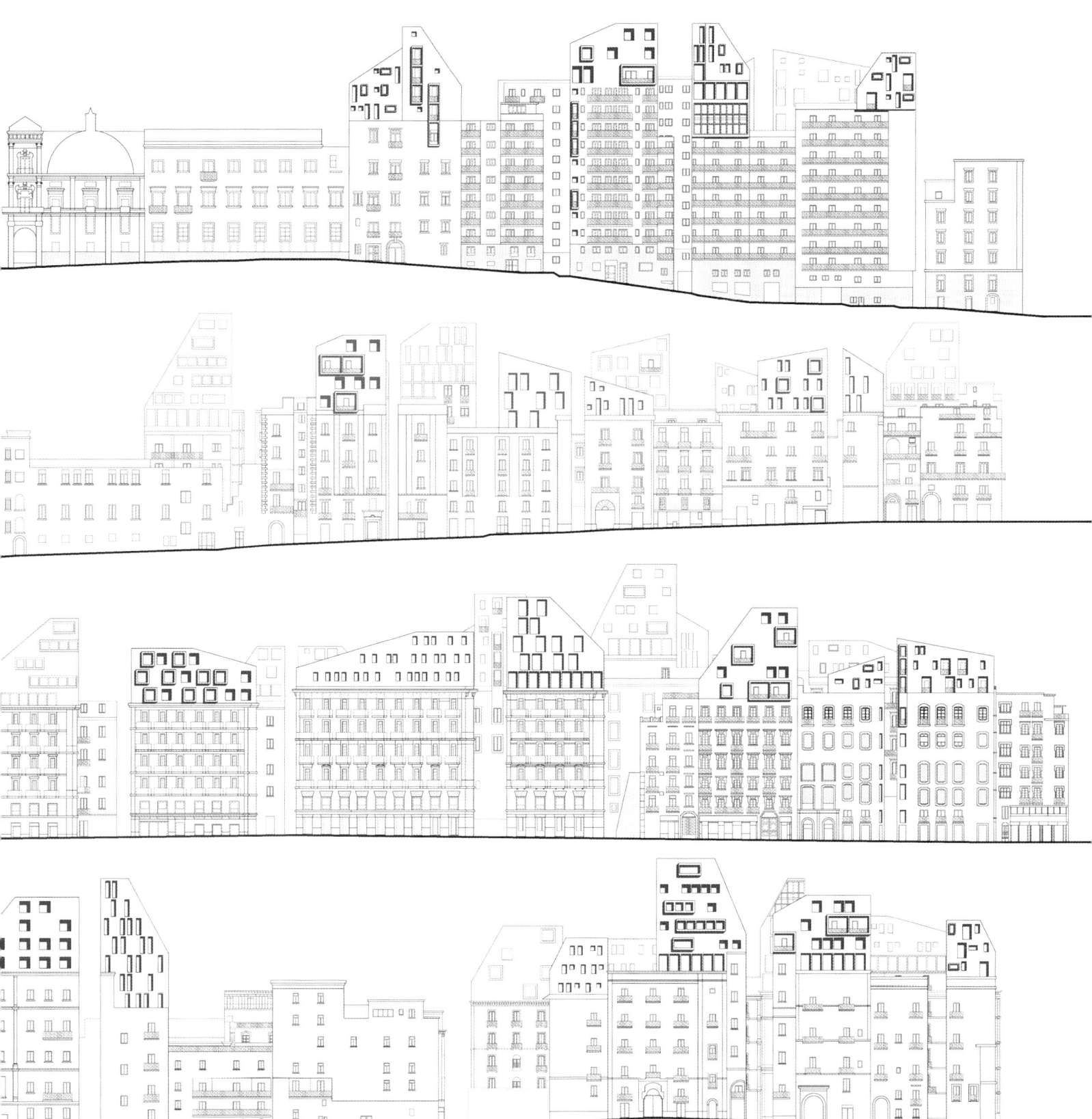

...ernapoli, Forcella, in these two pages: elevations with the vertical addiction to the demolished parts. In the next two pages, axonometric views of two ...ks and imaginary collage of a *Forcella* fragment.

Uno dei più grandi porti del mediterraneo impegna oggi il fronte a mare di Napoli per una lunghissima parte della sua consistenza. *Container*, merci, collegamenti con le isole del golfo, darsene militari, approdi per le crociere, grandi bacini di carenaggio lavorano su una immensa e disegnata colmata scura.

Una moltitudine di edifici, depositi, cantieri, attrezzature, restituiscono la forma di un massiccio caos edilizio che impedisce la vista del mare e dello straordinario disegno delle banchine.

Immagino un porto che recuperi le cubature necessarie disegnando *hangar* dalle forme primarie,

One of the biggest ports in the Mediterranean Sea covers a big part of the gulf of Naples. Containers, merchandise, connections to the other islands in the gulf, military docks, cruise landings, basin docks work on an immense and artificial area. A multitude of buildings, depots, construction areas, and equipment gives a chaotic mass of constructions that prevents the view of the sea and the extraordinary design of the docks.

I imagine a port that reinstalls the necessary cubic design tracing hangars, monoliths that welcome the present functions arranged to preserve

Il Porto

The port

monoliti che accolgono le funzioni presenti disponendosi in modo da conservare sempre la vista prospettica di scorci di mare dalla città. Un Golfo intuito e percepito attraverso quinte lisce, geometrie elementati e plastiche che ridanno a Napoli un nuovo possesso della sua linea di costa nella parte economicamente più importante e utilitaria.
Non più una barriera visiva ma una moltitudine di scorci, un caleidoscopio di vedute, una moltitudine di dispositivi prospettici a servizio del Golfo e delle sue inattese profondità visive.

a prospective view of the sea.
A gulf recognized by a straight skyline, elemental and plastic geometry, which gives back to Naples a possession of the cost, line in one of the most important and economical areas.
It's no longer a barrier, as it has become a multitude of outlooks, a kaleidoscope of views, a multitude of prospective tools in the service of the Gulf and its unexpected visual depths.

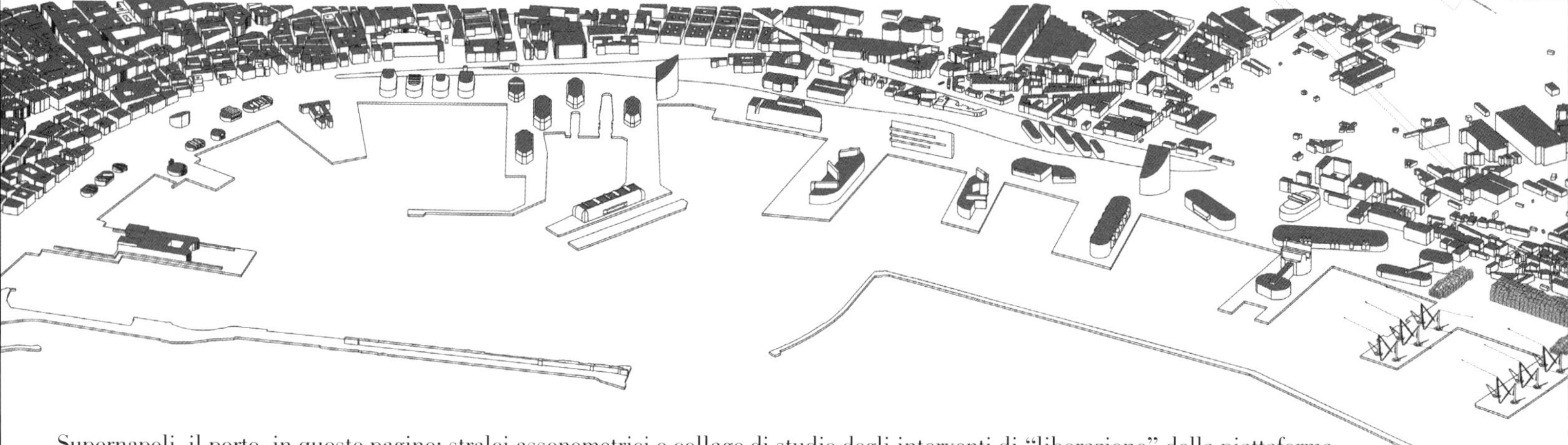

Supernapoli, il porto, in queste pagine: stralci assonometrici e collage di studio degli interventi di "liberazione" della piattaforma tecnica con l'aggiunta, a parità di volume, di grandi *hangar* dalle forme elementari dedicati alle funzioni attualmente esistenti. Questa scelta scaturisce dalla volontà di conservare sempre scorci prospettici di Golfo, incorniciati da architetture essenziali in modo che dai percorsi lungo costa – oggi visualmente preclusi alla vista del panorama – sia possibile percepire frammenti di mare. Nelle due pagine precedenti una veduta aerea dell'intero arco portuale.

Supernapoli, the port, in these pages: axonometric excerpts and study collage of the interventions of "liberation" for the technical platform with the addition, on an equal volume, of elementary forms large hangars dedicated to functions that currently exist. This choice comes from the desire to always keep perspective views of the Gulf, framed by essential architectures so that from the waterfront paths – today visually precluded to the sight of the landscape – it is possible to detect sea fragments. In the two previous pages an aerial view of the entire port arc.

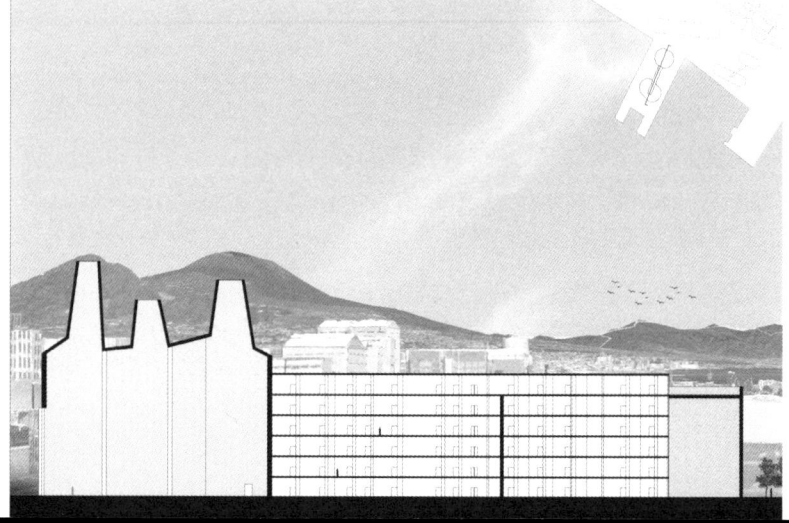

Suoli imbevuti di petrolio, quella mattina del 1985 Napoli si svegliò avvolta di fumo nero. Veniva da Est, sembrava l'eruzione del Vesuvio invece non era così. Un dramma di tanti morti, l'incendio per uno scoppio di uno dei più grandi depositi di carburante costruisce una emergenza. Una emergenza ambientale e di uso della città che sin dalla fine dell'Ottocento aveva allargato le maglie della sua pianta in grandi spazi aperti bordati casualmente da capannoni, dove vicino al mare le petroliere scaricavano benzina nei grandi serbatoi. Il terreno da sempre inquinato, un'area che ancora oggi è popolata da depositi di carburante, industrie in dismissione, luoghi di stoccaggio di merci dove ai napoletani si è sostituita una etnia cinese con regole ferree e una produzione di beni ai limiti dell'illegalità. Un tentativo di recupero riconvertendo industrie in spazi per il terziario si chiama *Naplest* ma non riesce ad imprimere un giro di vite sostanziale all'immagine di una zona che non è più industriale ma conserva solo un singolare senso di desolazione ed abbandono. Immagino, allora, grandi isolati a carattere misto che bordano le strade, penso che il loro spazio interno potrebbe essere abbandonato a uno spontaneo processo di nuova naturalizzazione: edifici lungo i bordi e foreste da veder crescere all'in-

Napoli a Oriente

Eastern Naples

Pavements covered in petrol on the morning of 1985, Naples woke up wrapped in black smoke. It came from the East, it seemed like an eruption from the Vesuvius but it was not the case. A disaster that caused many deaths, an explosion of one of the biggest fuel deposits that caused a massive fire. An environmental emergency that blocked the normal function of the city. Not since the late nineteenth century the city had enlarged its perimeters in big open areas ornamented by large sheds where large oil tankers discharged gasoline in large cisterns. The ground, ever since polluted, an area that today is still populated by fuel deposits, decaying industries, storage areas of merchandise where the Neapolitan people are substituted by Chinese workers with strong rules and a production of goods which is barely legal. An attempt to convert the industries in spaces for the agriculture is called *Naplest* but it doesn't give an effective crackdown to the image of a zone that is no longer industrial but only holds a singular sense of desolation and abandonment. I hence imagine big squares and blocks designed with multi-styles at the streets corners. I think that their interior space should be abandoned to a spontaneous process of new naturalization: buildings along the sides and forests

terno, polmoni di un nuovo verde inaccessibile e selvatico pronte a riscattare un futuro incerto nelle forme di una città/bosco che accoglie chi arriva a Napoli da Oriente.

growing on the inside, green areas made up of new, inaccessible and wild vegetation ready to redeem an uncertain future in the forms of a forest city that welcomes whoever arrives to Naples from the East.

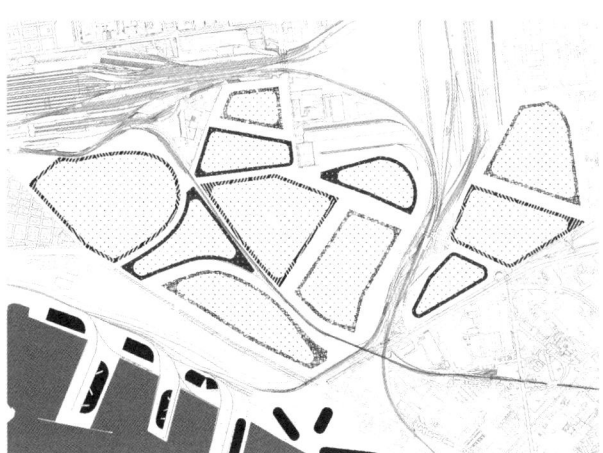

Supernapoli, Napoli a Oriente, in questa pagina: planimetria delle super-corti con lo spazio interno lasciato alla libera forestazione naturale. Nelle due pagine successive, vista prospettica a volo d'uccello degli interventi da diverse angolazioni.
Supernapoli in East Naples, on this page: plan of the super-courts with the internal space left to the natural forestation. In the next two pages, bird's eye perspective view of interventions from different angles.

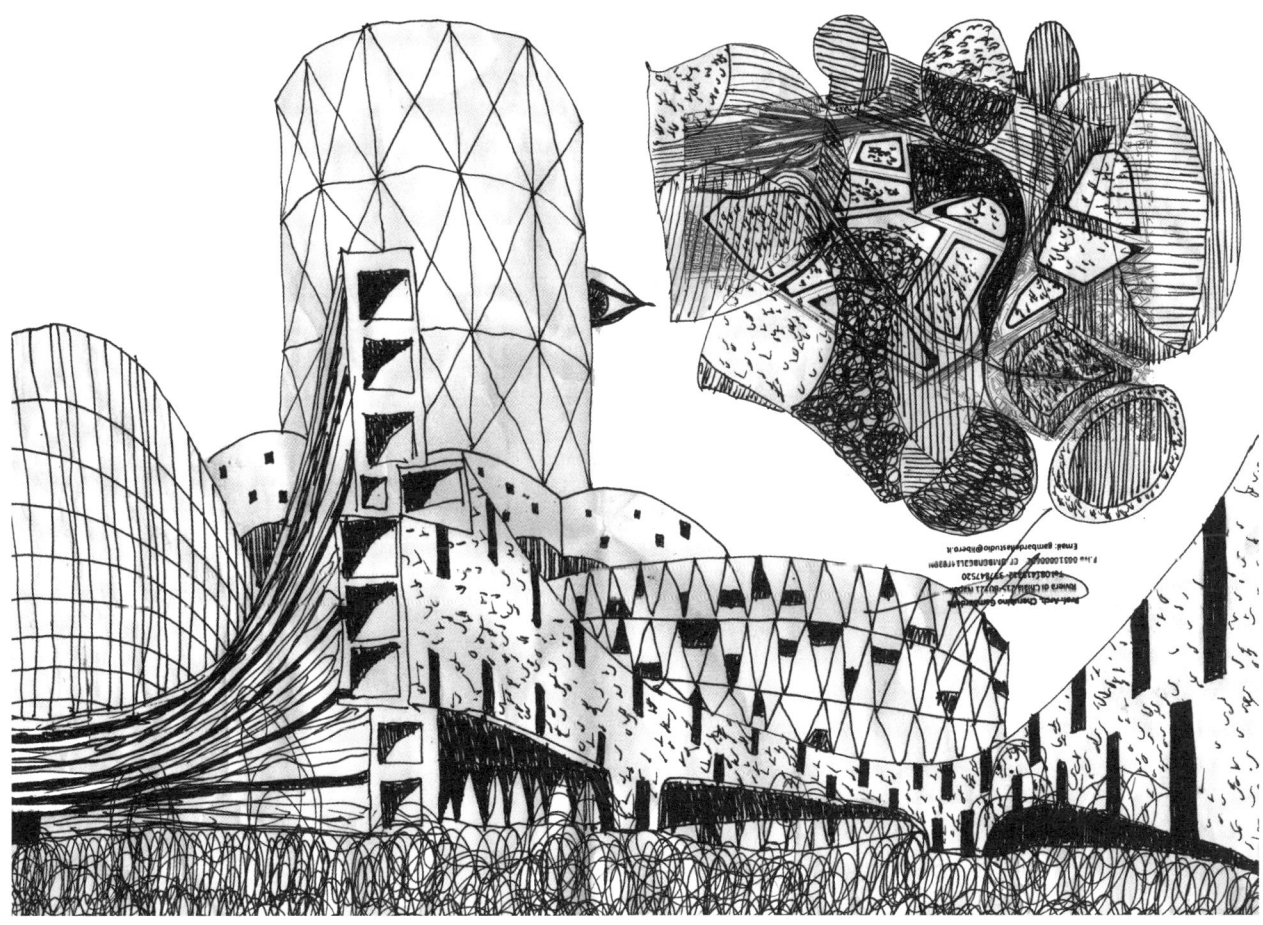

Ricordo le mareggiate.
Quando tutti, dentro le macchine con i finestrini chiusi, attendevamo in inverno gli spruzzi alti decine di metri sul lungomare. Il Golfo di Napoli prendeva, ad un tratto, un'aria minacciosa e si faceva così vicino e presente che era impossibile non contare ad una ad una le case di Capri nitidamente poste a galleggiare di fronte la ringhiera verde del *sea front*. Questa balaustra aveva la base raffigurata dalla diga di tufo nero a sezione parabolica disegnata da Errico Alvino a difesa della bellissima *promenade* sul mare. Poi fu avviata una laboriosa operazione di protezione

I remember the storms by the sea.
When everyone waited in his or her locked cars for the ten-meter high splashes of the sea on the boardwalk.
Naples' gulf took, at one point, a threatening turn with big waves once it got so close that it was impossible not to count, one by one, Capri's houses neatly floating in front of the water front's fence. This railing had its base drawn by a dam designed by Errico Alvino in black tuff with a parabolic section in order to defend the beautiful promenade on the sea.
Later on, a laborious operation of protection was started that, through a massive reef, receded the

Il lungomare

The seafront

che, attraverso una immensa scogliera, allontanava il mare e quei residui di spiaggia che facevano *surfare* le onde sopra Via Caracciolo allungando il frangersi dei cavalloni. Le tempeste finivano lontano, su quella miriade innaturale di scogli, così brutti e chiari da cambiare la linea nera e vulcanica della costa napoletana.

Ho sempre pensato che questa massa incredibile di pietra potrebbe essere scolpita, modellata come davanti a una statua distesa e, trasformandosi, rivivere in una nuova relazione con la ringhiera ottocentesca.

Penso a un'architettura di mare popolata di cavità stagne in cui nascondere sdraio e attrezzature balneari che sarebbe bello porre sotto una lunga pensilina a pelo d'acqua, una pensilina in cemento bruto che darà ombra e, di tanto in tanto, si interromperà per far passare i raggi del sole. Il tutto sarebbe ben più basso dei tre metri che oggi costituiscono l'altezza del bordo dal livello del mare e così una copertura posta a due metri e mezzo non impedirebbe la vista del Golfo, sarebbe praticabile dagli appassionati del *footing* e soprattutto regolerebbe un nuovo sistema per rendere una veduta nuova, potente e a pelo d'acqua del mare di Napoli. Con il tempo avverso, questa cavità di cemento fungerà da scogliera restituendo, con le sue taglienti geometrie, una moltitudine di spruzzi come i giochi d'acqua delle fontane barocche che abitano in città.

sea and those residues of beaches that allowed the waves on Via Caracciolo, elongating the crashing of the waves.

The storms ended further away, on that unnatural multitude of rocks, so ugly and lightly colored that they changed the dark and volcanic coastline of the Neapolitan gulf.

I always thought that this massive bulk of rocks could be sculpted, molded like in front of a lying statue and transformed in order to deal again with the railing from the nineteenth century.

I would imagine an architecture appropriate for the sea, populated with dry cavities to hide lounge chairs and seaside facilities. It would be nice to create a long platform aligned with the sea, a platform in brute cement in order to create shade in some areas and allow some sunlight to come through. Its height would be much lower than three meters, the height of the edge of the sea level. This way the two and a half meter height of the cover space which would not disturb the view of the gulf. It would be accessible to the jogging fans and especially it would create a new system with a breathtaking view. In bad weather conditions this cavity of cement would take on the role of a cliff, giving back, with its precise geometry, a multitude of water sprays like the ones present in the city's baroque fountains.

Supernapoli, il lungomare, in queste pagine e nella precedente: viste frammentate e stralcio assonometrico di tratti costieri con la scogliera scolpita e rivisitata come una figura distesa e accogliente.
Supernapoli, the waterfront, in these pages and in the previous: fragmented views and axonometric excerpt of coastlines with cliffs carved and revisited a relaxed and welcoming figure.

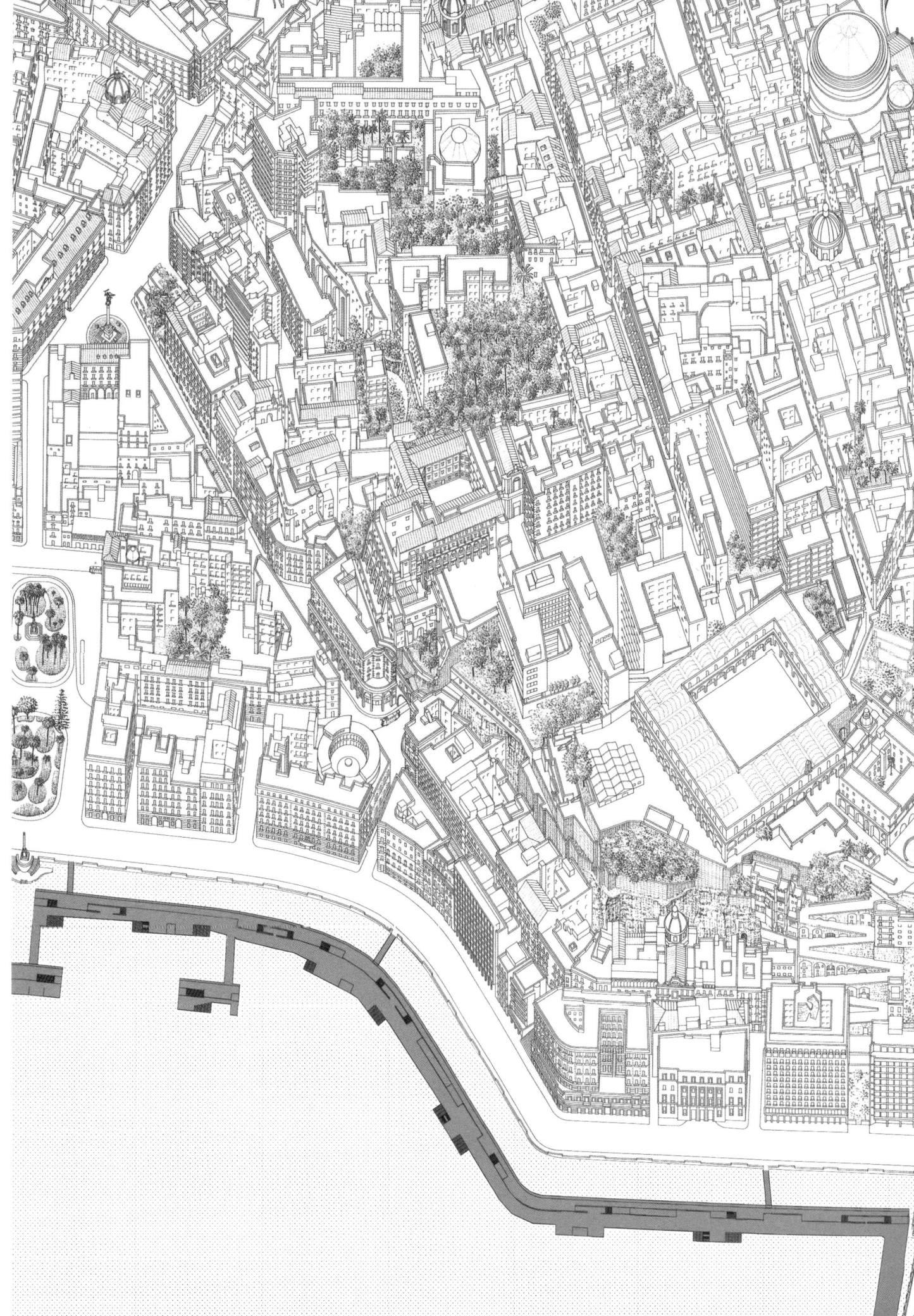

Basta uscire dai due *tunnel* che hanno sostituito la *Cripta Neapolitana* per passare da una atmosfera ombrosa e caveale che è quella della tomba di Virgilio e del sepolcro di Giacomo Leopardi ad una singolare luce moderna e venata da un sottile barbarie.

Fuorigrotta e Bagnoli sono l'altra conca di Napoli, una baia che guarda a Nord Ovest.

I disegni degli anni Trenta di Marcello Canino generano un quartiere di impronta coloniale ma venato di tanto in tanto da atmosfere nordiche.

Una solare severità, un monumentalismo esotico si somma, così, al Politecnico di Luigi Cosenza,

Napoli a Occidente

Western Naples

ai viali di palme, alle case popolari, ai pini marittimi, alla piazza dello Stadio San Paolo, alla Mostra d'Oltremare.

Non diversa, anche se di impronta operaia, l'atmosfera che si respira dopo lo Zoo, la grande pianura del Palazzetto Sportivo e la sede della Nato che si apre sull'acciaieria dismessa e sul quartiere di Bagnoli affacciato sul mare del Golfo Flegreo.

Napoli a Occidente ha quindi una storia intrecciata e fascinosa lunga quanto tutto il Novecento, una storia dove le diverse declinazioni del mito mediterraneo convivono in un racconto polifonico e fascinosamente disarmonioso.

In order to pass from a dark atmosphere like the one of Virgilio's tomb or Leopardi's shrine, all is needed is to go through the two tunnels that substituted the *Cripta Napolitana* to find a singular modern light scratched by barbarism.

Fuorigrotta and *Bagnoli* are the other valley of Naples, a bay that looks over the North-West.

The 1930's project designed by Marcello Canino create a colonial neighborhood with some influences from north Europe.

A sunny severity, an exotic monumentality mixed with the *Politecnico* of Luigi Cosenza, the palmed avenues, the working class homes, the sea pines, the San Paolo stadium and the *Mostra d' Oltremare*.

Not so different is the atmosphere felt going passed the *Zoo*, the lowland of the *Palazzetto Sportivo*, the home of the N.A.T.O. that opens on the old steel factories, *Bagnoli* and the *Flegreo* gulf.

West of Naples has a complicated and fascinating story that goes through the twentieth century, a story where the different declinations of the Mediterranean myth coexist in a polyphonic and disharmonic narration.

In such a huge area populated with the poor, the rich, the working class and the upper class. Dense

È una zona immensa, povera e ricca, operaia e borghese, densa e rada e soprattutto la sua natura moderna mescola pezzi incredibilmente potenti come il grande laminatoio superstite dell'ex Italsider, le tracce e i piloni della teleferica panoramica che univa la Mostra d'Oltremare con il Capo di Posillipo.

Sogno un grande progetto lineare che parte dal nuovo stadio San Paolo. Attorno al vecchio catino di cemento una copertura e una cintura abitata lo incastonano come un oggetto esposto e vivacemente popolato di funzioni molteplici dalla residenza agli uffici, dal commercio allo sport.

La Mostra d'Oltremare viene bordata da lunghe stecche parallele. Sono spazi la permeabili e quinte continue e articolate che trasformano in luoghi accoglienti Via Terracina e Viale Kennedy, due tra le strade più brutte di Napoli.

Queste barre abitate, senza chiudere il parco della Fiera, riescono a bordarlo enfatizzando il plasticismo delle sue architetture. Poi c'è una piastra vegetale scolpita da patii e percorsi pensili che spinge verso il mare la forza espressiva della vecchia Expo napoletana.

A questo punto il parco di Bagnoli diviene la collisione di corti e la convivenza di molteplici case a patio con verde ortivo privato e cuspidi.

La Città della Scienza viene ricostruita per metà sull'acqua come l'ottocentesco bagno pubblico di Lamont Young, altra utopia fantasma di questi meravigliosi luoghi, mentre il laminatoio diventa un bellissimo palazzo di case, un *carter* di incredibili appartamenti rosso prugna.

and sparse, with its modern style together with the former industrial area of Italsider and its mill, which is still standing, the panoramic cableway's poles that connected the *Mostra d'Oltremare* to *Capo Posillipo*.

I dream about a big linear project that stars from the new San Paolo stadium. A cover and a populated belt oppose the cement rounded structure, like an exhibited object redesigned to host offices, houses, commercial and sport facilities. The *Mostra d'Oltremare* will be bordered with big parallel sticks. I aim to create permeable spaces that transform *Via* Terracina and *Viale* Kennedy, two among the ugliest streets in Naples. These inhabited barriers, without closing the *Fiera*'s park, will be able to delineate it emphasize on the mobility of its architectures. Than there would be space for a vegetated platform, sculpted by patios and routs that push toward the sea the old expressive force of the area where the Neapolitan Expo took place.

At this point *Bagnoli*'s park would become the meeting point of courts and the cohabitations of multitudes of patio houses and private gardens.

The *Città della Scienza* would be reconstructed half on the water and the other half on land like the Lamont Young's public beach from the nineteenth century, other ghostly utopia of these marvelous places, while the mill will turn into a beautiful building made from incredible plum red apartments.

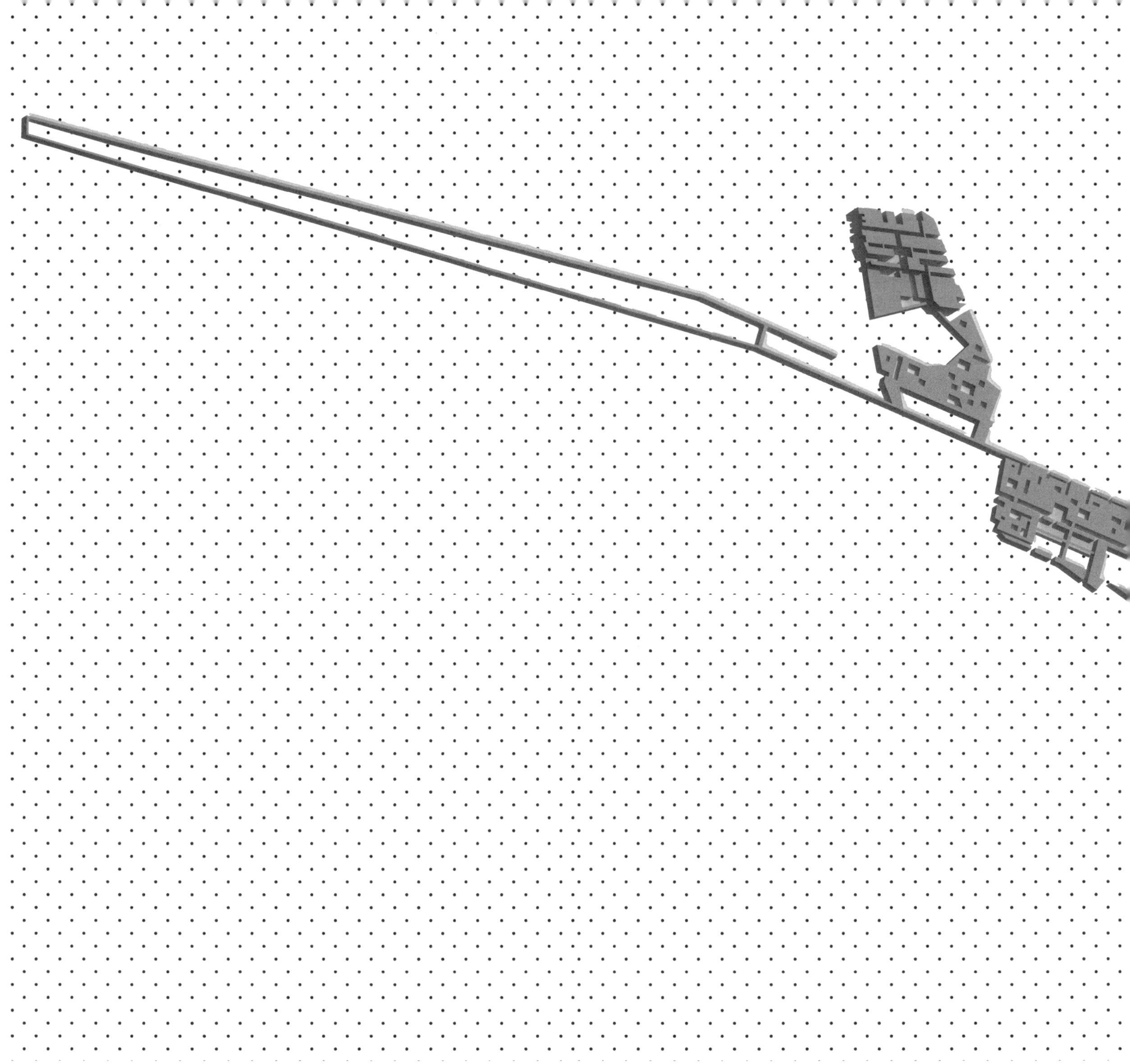

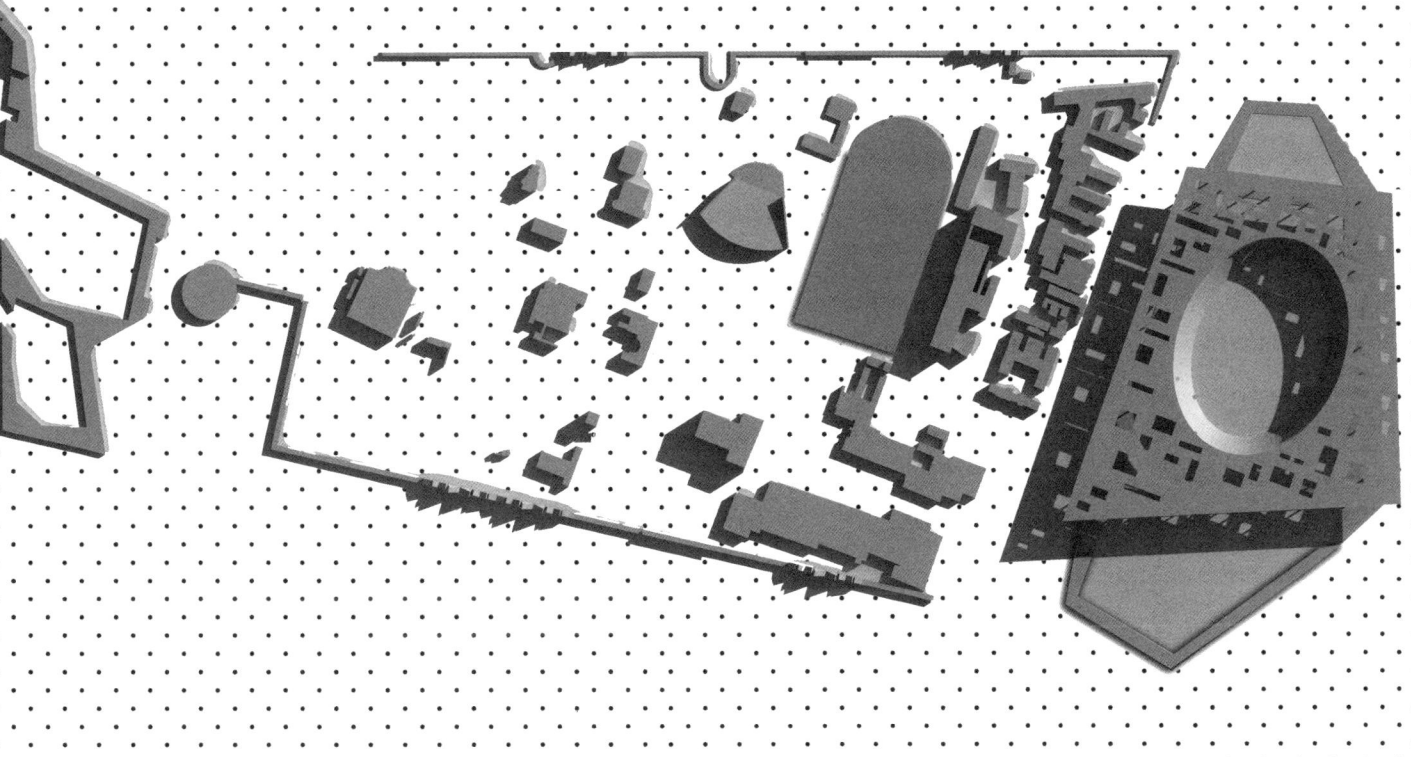

Supernapoli, Napoli a Occidente, in queste pagine planovolumetria dell'intervento nella sua parte che va dallo Stadio San Paolo, attraversa la Mostra d'Oltremare, rivisitandone bordi e monumenti e si conclude con un progetto per l'area che si spinge sino al Collegio Ciano, ex sede NATO. In questa zona, l'intervento si costituisce attraverso ponti, piastre abitate e giardini pensili.
A fianco: modello del nuovo stadio San Paolo. Nelle due pagine seguenti, vista assonometrica del nuovo stadio e dell'Esposizione delle Terre d'Oltremare con altri scorci del modello dello stadio.
Supernapoli. Western Naples, in these pages plan of intervention in its part that goes from the *Stadio San Paolo*, through the *Mostra d'Oltremare*, revisiting edges and monuments, and concludes with a plan for the area that goes up to the *Collegio Ciano*, the former headquarters of NATO. In this area, the project is constituted through bridges, inhabited plates and roof gardens.
On the left: the new *San Paolo* stadium in a model. In the following two pages, axonometric views of the new Stadium and *Mostra d'Oltremare* with more views of the stadium model.

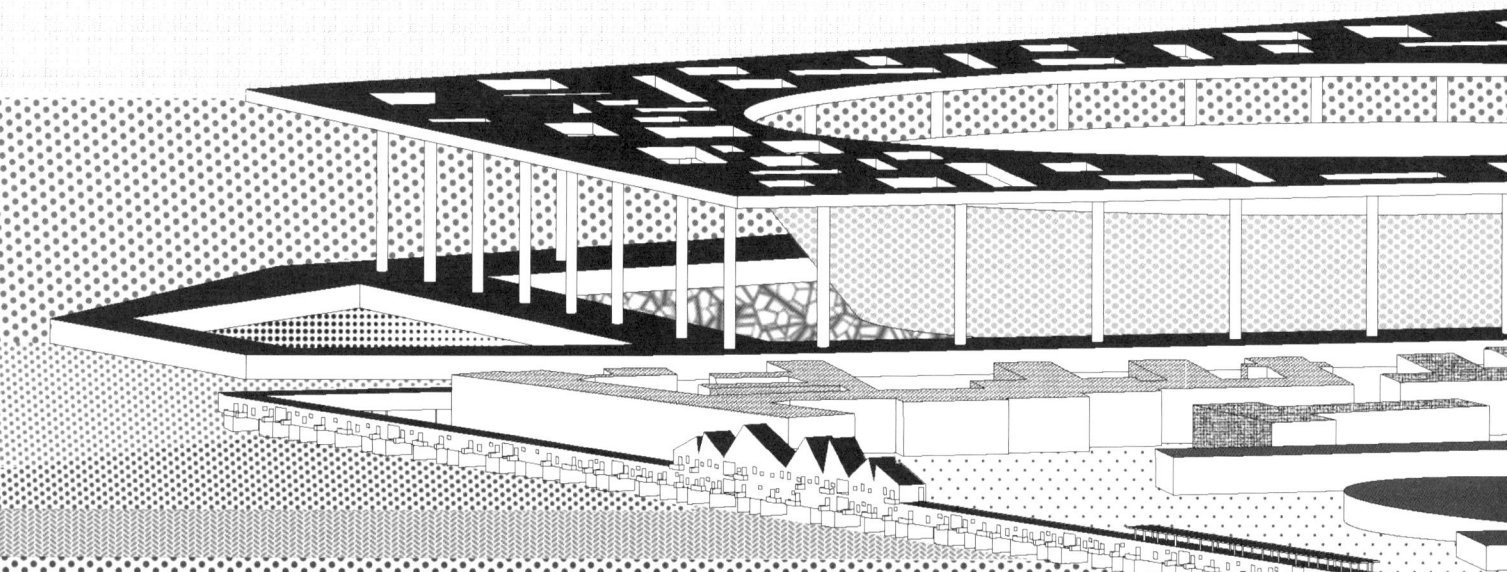

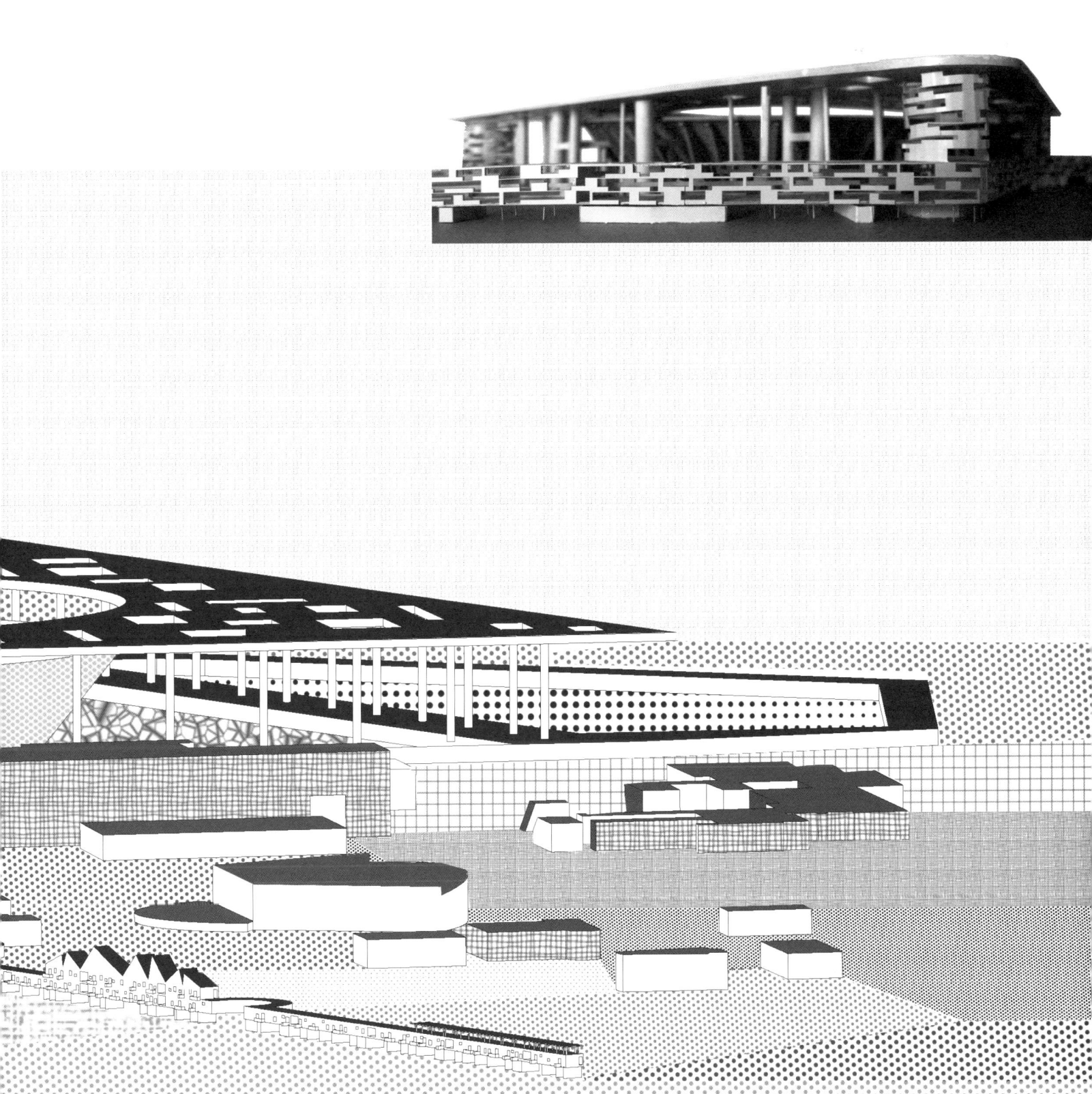

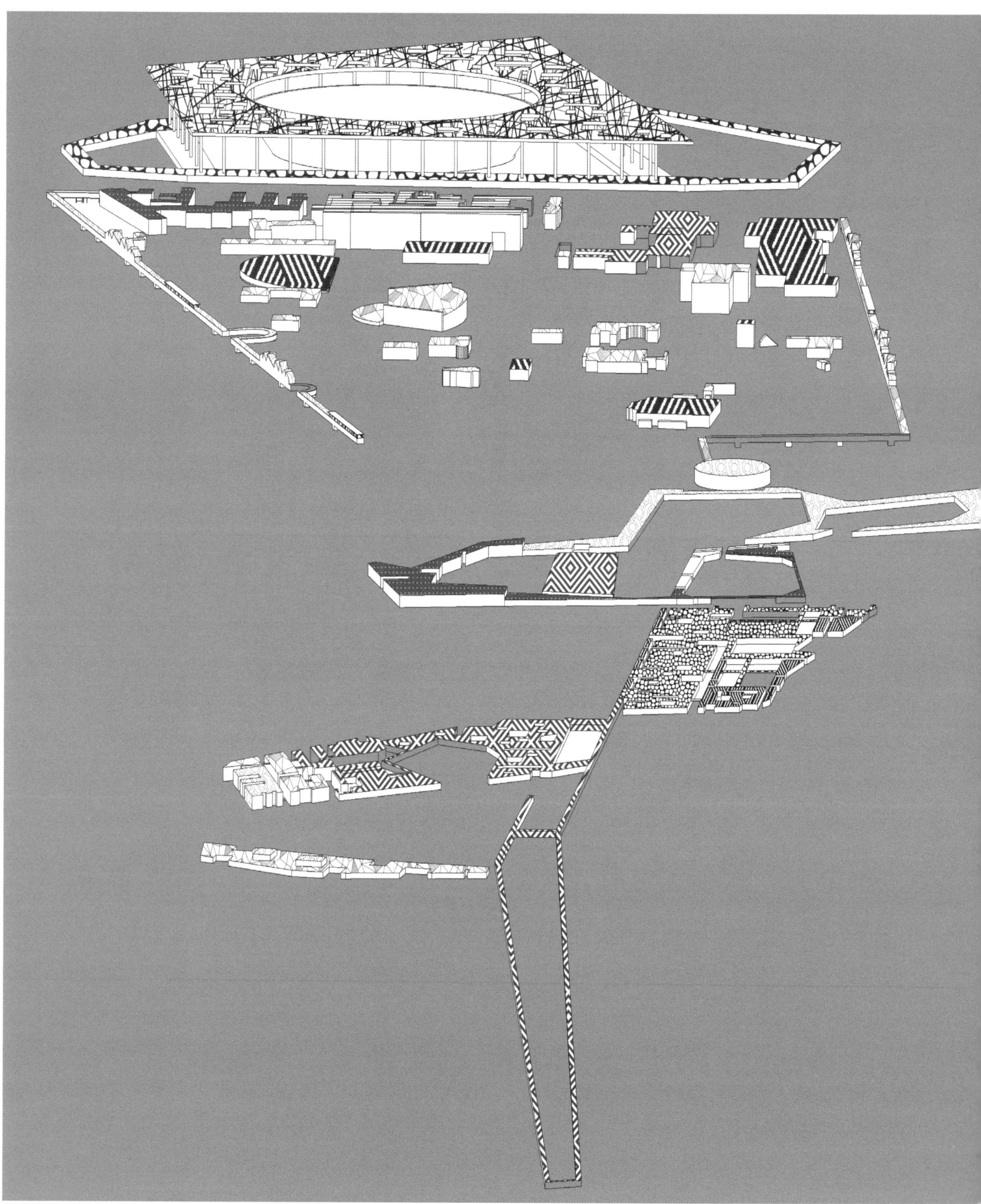

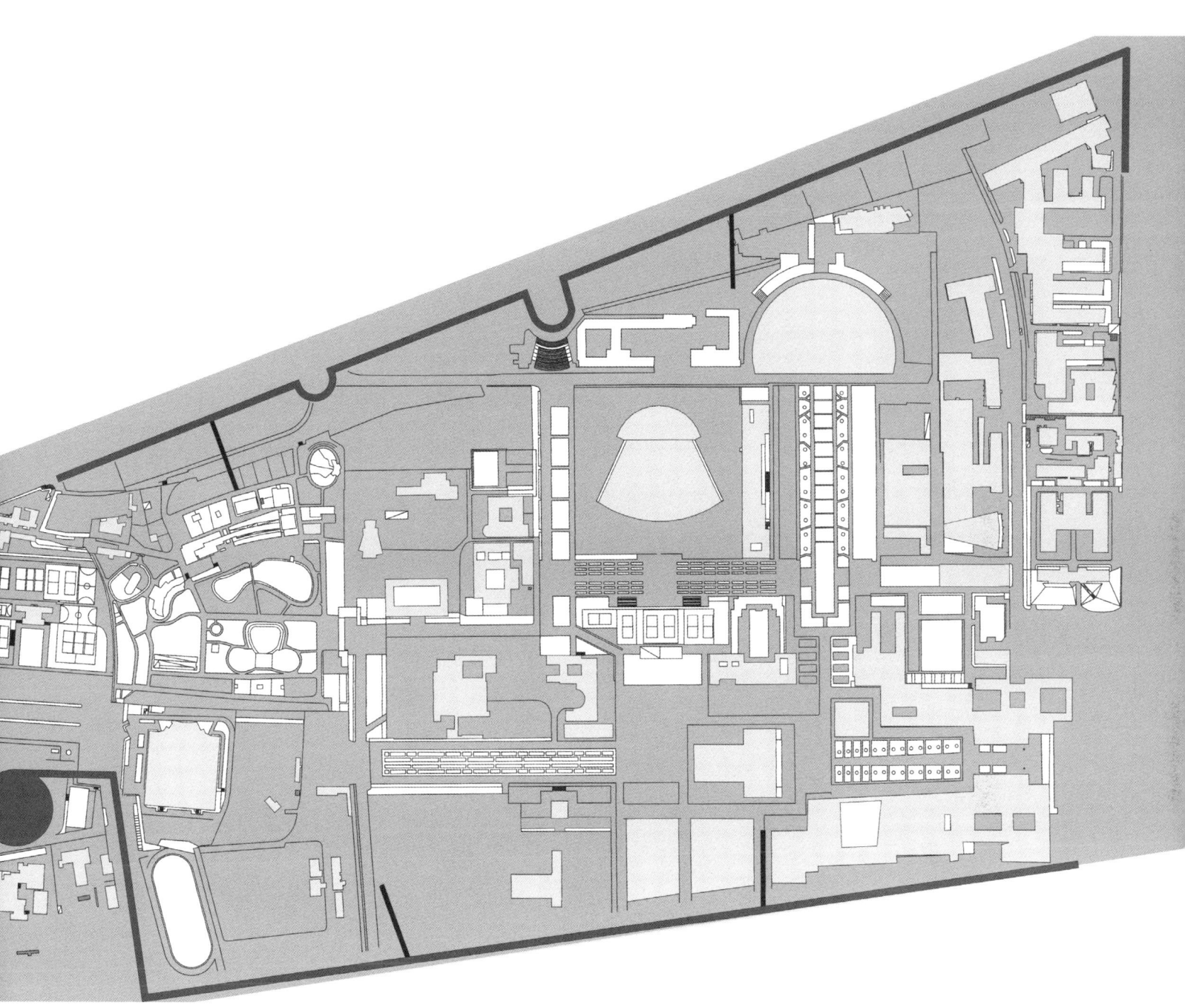

ernapoli, Napoli a Occidente, in queste pagine: sopra, pianta dei nuovi bordi della Mostra d'Oltremare, a fianco vista assonometrica del nuovo stadio *ll*'Esposizione delle Terre d'Oltremare. Nelle quattro pagine seguenti, progetto dei nuovi bordi della Mostra d'Oltremare e fotomontaggi dal Viale nedy e dalla Via Terracina.

ernapoli, Western Naples, in these pages: up, plan of the new edges of the Mostra d'Oltremare, alongside, axonometric views of the new Stadium and *tra* d'Oltremare. In the following four pages, project of the new edges of the Mostra and photomontages from Viale Kennedy and Via Terracina.

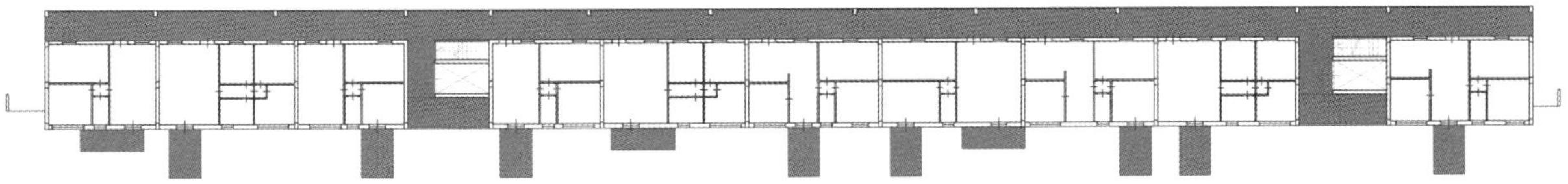

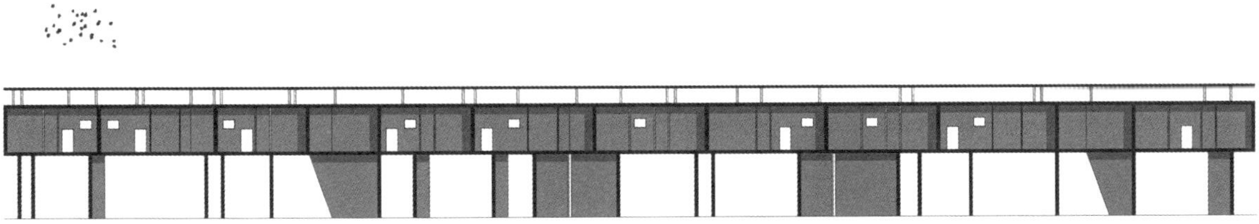

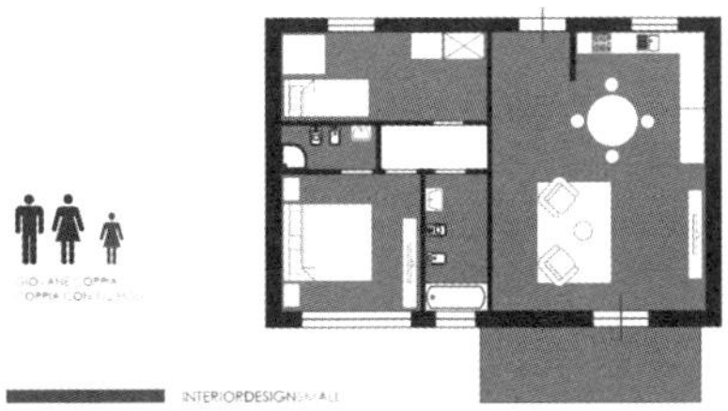

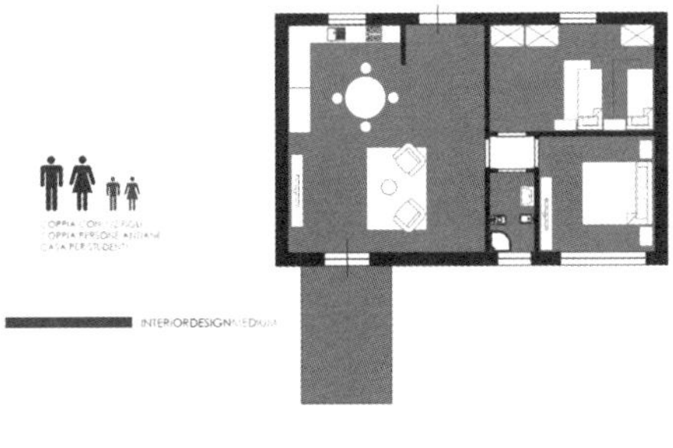

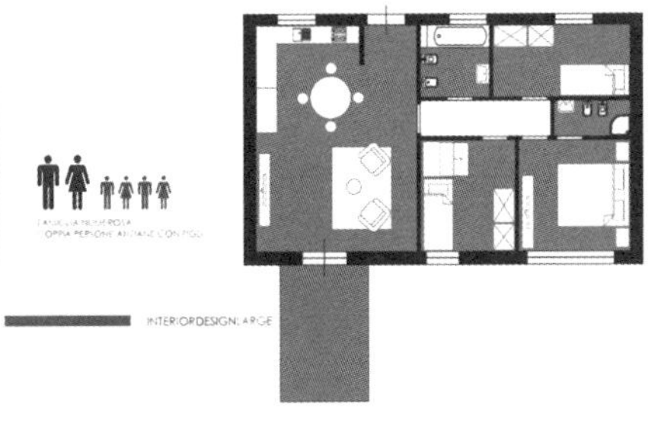

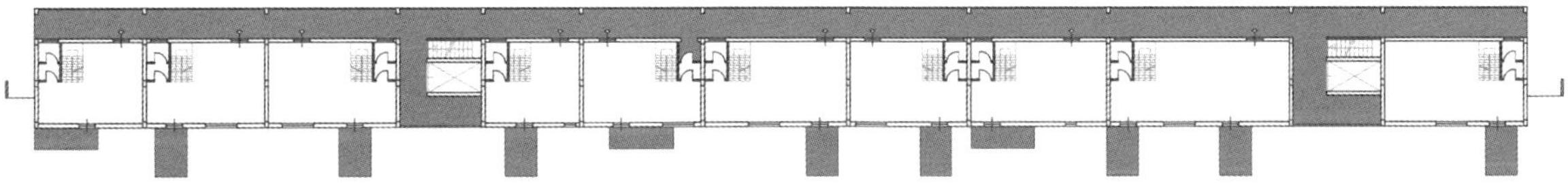

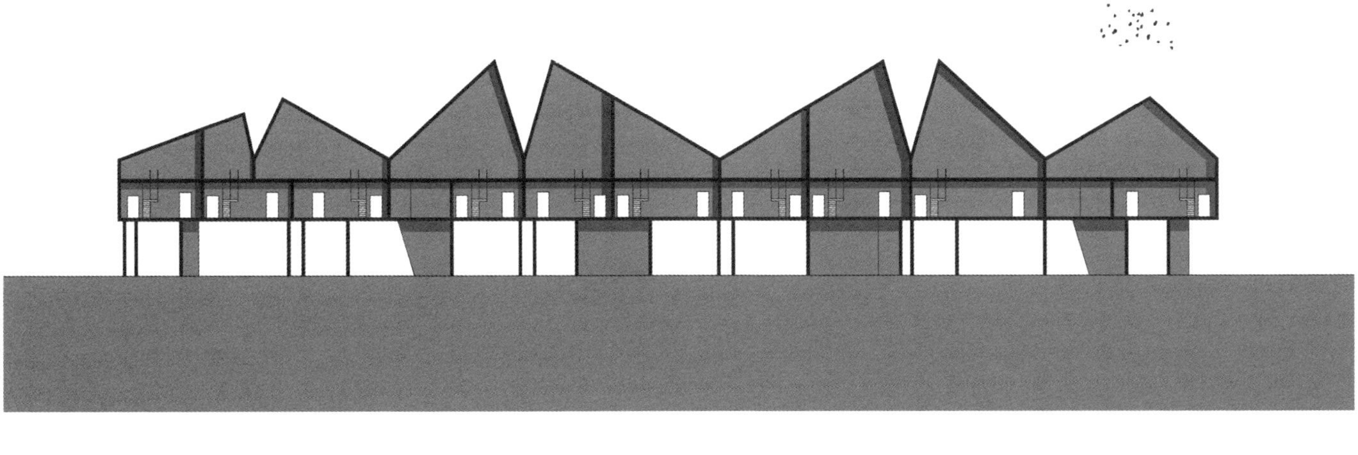

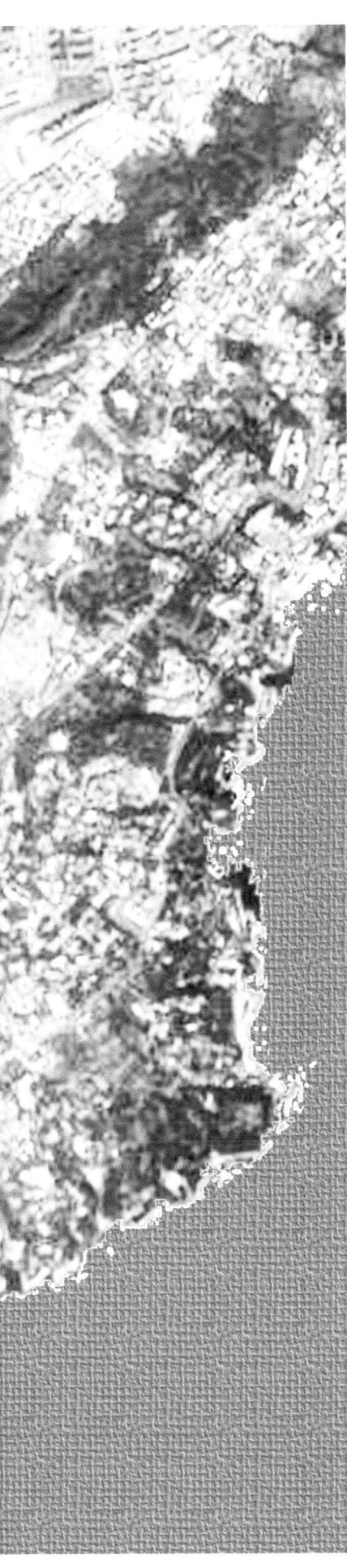

Supernapoli, Napoli a Occidente, in queste pagine: Il progetto della grande Piana di Bagnoli e Fuorigrotta con i nuovi tessuti residenziali, gli orti urbani, il ripristino a scopo residenziale della vecchia acciaieria e la nuova configurazione di Città della Scienza.
Supernapoli, Western Naples, in these pages: the project of the great plain of Bagnoli and Fuorigrotta with new residential textures, urban gardens, restoration of the old steel for residential purposes and the new configuration of Città della Scienza.

A fianco: vista prospettica del tessuto residenziale di Bagnoli e del nuovo laminatoio recuperato.
Beside: perspective view of the housing pattern in *Bagnoli* and the new restored steel mill.

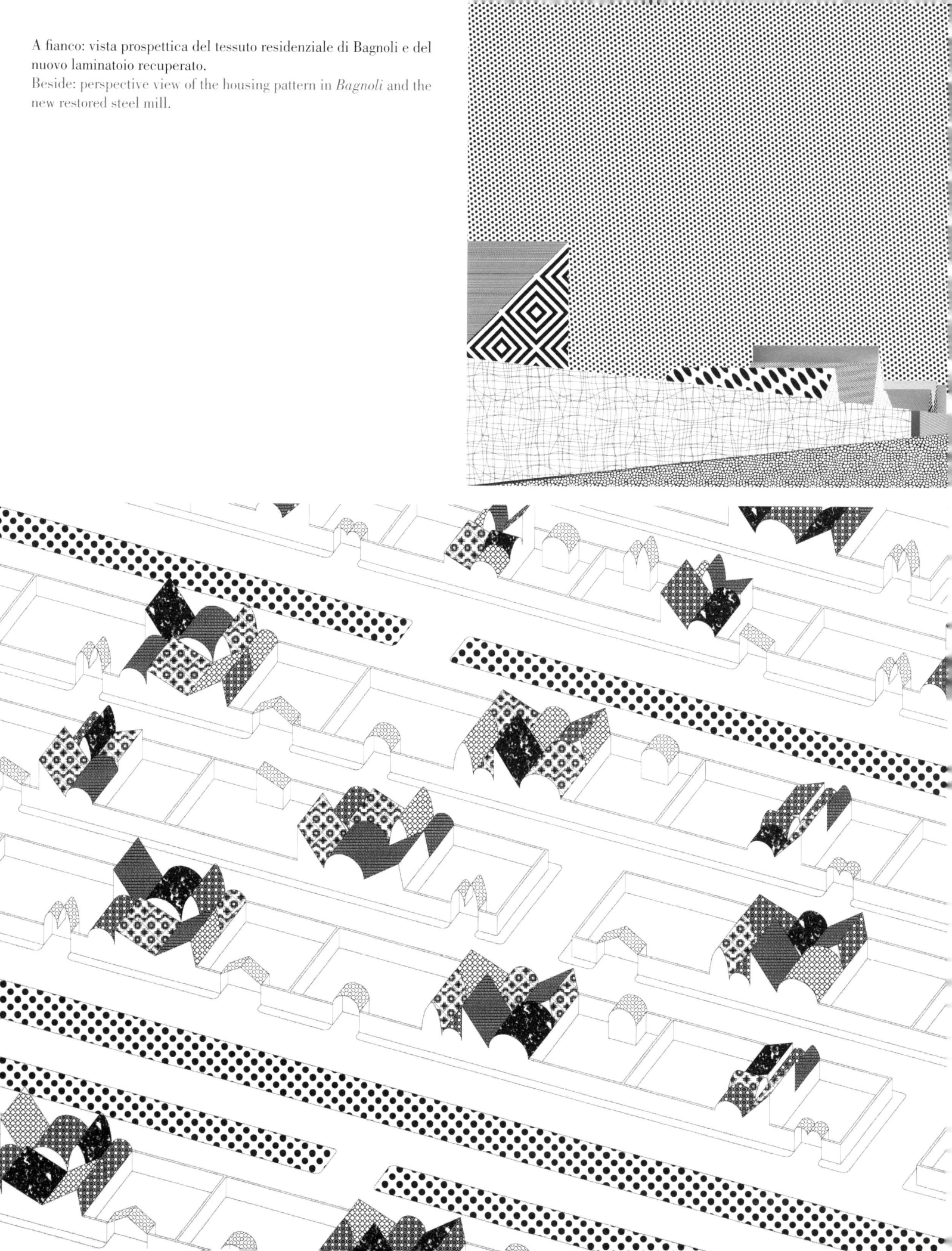

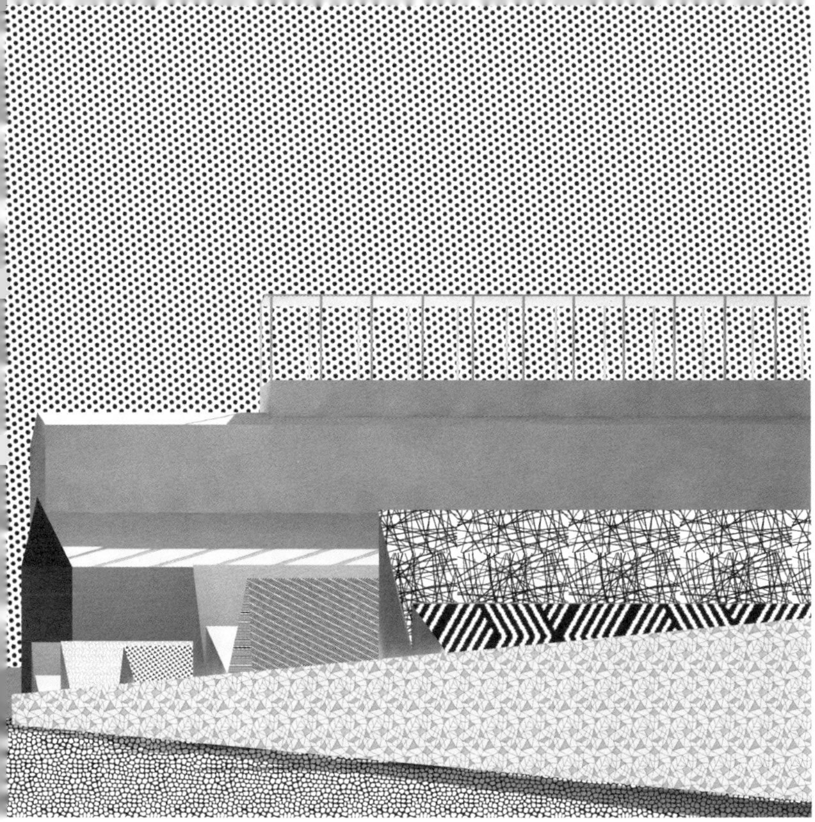

Sotto: vista assonometrica delle nuove case a corte di Bagnoli.
Below: isometric view of the new court houses in *Bagnoli*.

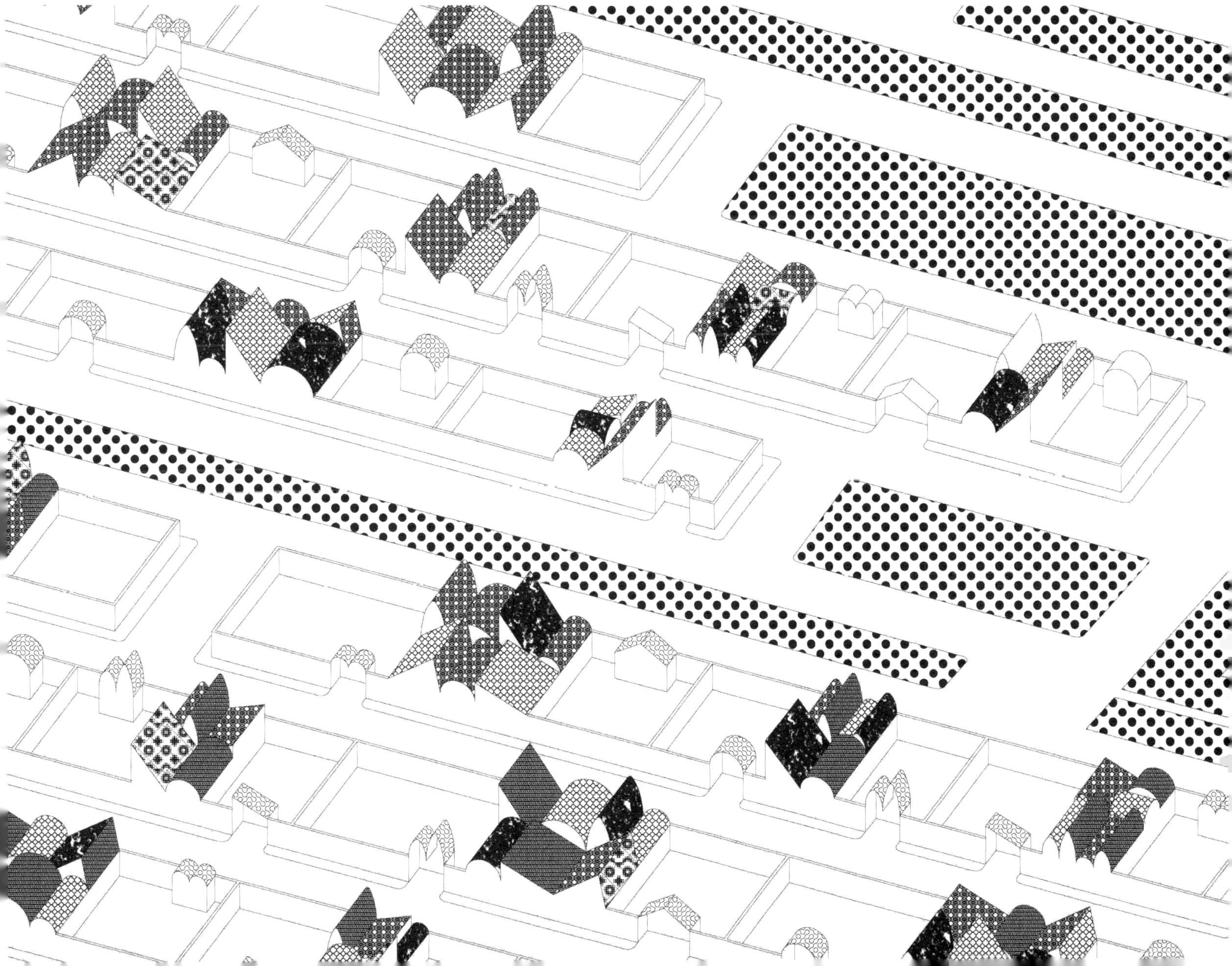

Supernapoli si racconta attraverso due forme. Due composizioni di quadri.

La quadreria, dal Seicento, è uno dei modi più consueti e godibili di mostrare immagini ma, in questo caso, mi è sembrato anche il modo più vicino all'architettura per raccontare sinteticamente il senso di una ricerca che il lettore potrà approfondire lungo le pagine del libro. Due argomenti guidano questa scelta.

Il tema della sovraimposizione e quello della stratificazione vengono rappresentati simulando due sagome arboree, fastose come essenze dal fusto possente e robusto. La chioma, invece appare molto articolata. Il fusto è la base. La base è il

Mostrare Supernapoli

Showing Supernapoli

monumento solido e massiccio. La base è il centro visivo della città. La chioma è una moltitudine di immagini, approfondimenti, aggiunte architettoniche, commenti, occhi.

L'insieme accoglie i due grandi collage, due quadrerie composte, in basso, da immagini corali, in alto, da infinite stratificazioni.

Si genera, così, un insieme di sguardi, un excursus dalla grande dimensione al dettaglio, dal generale al particolare.

Mostrare Supernapoli vuol dire, allora, concepire due prospetti, due facciate, due volti, per raccontare le anime della città sperata.

We can tell *Supernapoli* by two forms. Two compositions of pictures.

The *quadreria* – the picture gallery –, from the Seventeenth century, is one of the most usual and enjoyable ways of displaying images. In this case, I felt it was also the closest way to the architecture to describe synthetically the sense of a research that the reader will deepen through the pages of the book. Two arguments guide this choice.

The theme of the superimposition and the stratification are represented by simulating two shapes of trees, sumptuous like essences with a powerful and robust stem. The foliage however looks very articulate. The stem is the base. The base of the monument is solid and massive. The base is the visual center of the city. The foliage is a multitude of images, insights, architectural additions, comments, eyes.

The set accommodates two large collages, two collections made, by choral images, down, and, by endless layers, on the top.

It generates, thus, a set of glances, a digression from the large-scale to the detail, from the general to the particular.

To show *Supernapoli* means, then, to conceive of two perspects, two sides, two faces, to tell the souls of the city we hope.

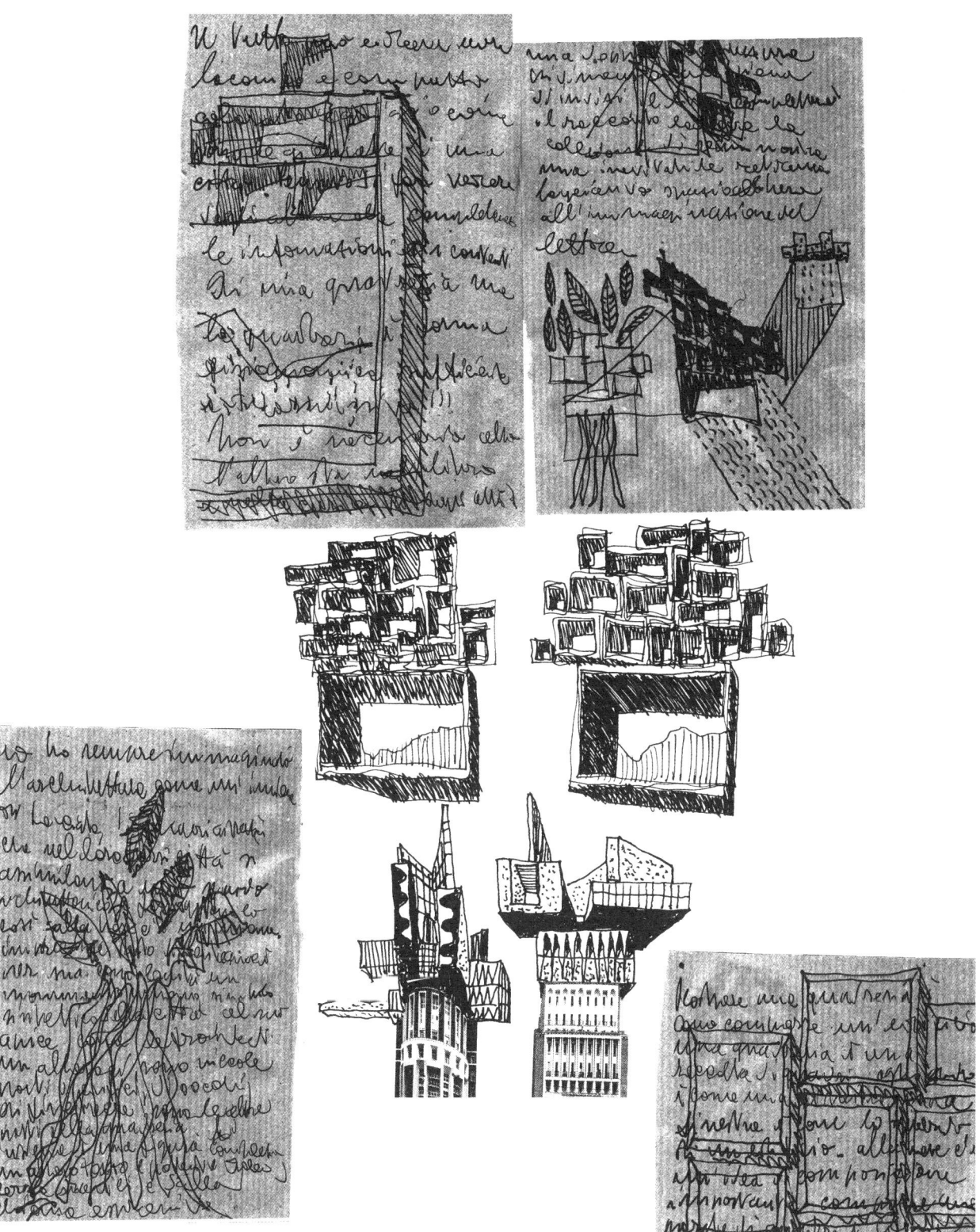

Appunti per mostrare Supernapoli / Notes for showing Supernapoli.

Disegno misterioso per Supernapoli / Mysterious drawing for *Supernapoli*

Note / Endnotes

1. J.L. Borges, *L'Aleph*, Giangiacomo Feltrinelli Editore, Milano 1961, pp.99-100.
2. Cfr. L. Molinari, «20.07 Neapolis in forum versus», in M. Casamonti (a cura di/edited by), *Annali dell'architettura e della città*, Motta Architettura, Milano 2007, p.124.
3. Cfr. L. Canfora, *La crisi dell'utopia. Aristofane contro Platone*, Laterza, Roma- Bari 2014, *passim*.
4. Cfr. R. La Capria, *Ferito a morte*, Bompiani, Milano 1961, *passim*.
5. A. Vidler, «Cos'è comunque un diagramma?» in S. Cassarà (a cura di/edited by), *Peter Eisenman Contropiede*, Skira editore, Milano 2005, p.19.
6. P. Eisenman, «Una analisi critica: Giovan Battista Piranesi» in S. Cassarà (a cura di/edited by), *Peter Eisenman Contropiede*, Skira editore, Milano 2005, p.40.
7. J. Utzon, *Idee di architettura. Scritti e conversazioni*, Christian Marinotti Edizioni, Milano 2011, p.9.
8. S. Agnello Hornby, *La Mennularia*, Giangiacomo Feltrinelli Editore, Settembre 2002, pp.7-8.